U0491186

领导力 执行力 绩效力

田军 著

图书在版编目（CIP）数据

领导力 执行力 绩效力 / 田军著 . -- 北京 : 企业管理出版社 , 2018.8
ISBN 978-7-5164-1747-8

Ⅰ . ①领… Ⅱ . ①田… Ⅲ . ①企业领导学 Ⅳ . ① F272.91

中国版本图书馆 CIP 数据核字 (2018) 第 151351 号

书　　名：领导力　执行力　绩效力
作　　者：田　军
选题策划：周灵均
责任编辑：周灵均
书　　号：ISBN 978-7-5164-1747-8
出版发行：企业管理出版社
地　　址：北京市海淀区紫竹院南路17号　　邮编：100048
网　　址：http://www.emph.cn
电　　话：编辑部（010）68456991　　发行部（010）68701073
电子信箱：emph003@sina.cn
印　　刷：北京宝昌彩色印刷有限公司
经　　销：新华书店
规　　格：170毫米×240毫米　16开本　19.25 印张　260 千字
版　　次：2018 年8月第1版　2018 年8月第1 次印刷
定　　价：62.00元

PREFACE
自　序

伴随着2018年新年的钟声，我的新书《领导力　执行力　绩效力》冲刺落笔。

之所以写这本书，主要有三点考虑：一是三者（领导力、执行力、绩效力）在企业实战中非常重要，而且关系密不可分，需要进行集中和系统阐述；二是对自己管理实战经验和感悟、管理研究（课题研究、理论和工具研究等）的一些成果进行汇集和分享；三是尝试和探索三力（领导力、执行力、绩效力）结合理论，抛砖引玉，引发人们对三力结合课题方向的关注和创新。在VUCA时代，另辟蹊径，刻不容缓。

本书阐述了领导力、执行力、绩效力三个模块的内容，绘出三者关联图像，提出了"执行领导力"等六个方向的新概念，全面、系统、专业地诠释了三者的内容和内在关系。

本书共五篇内容，在每一篇中，均按照本篇摘要、案例导入、篇节内容、篇后语的顺序引导读者阅读和学习。

撰写本书，期待给读者带来下列四个方面的收获：

其一，系统学习领导力、执行力、绩效力的知识，掌握三者的逻辑关系和内在规律。

其二，学习、吸收、借鉴管理新理念、新工具，在管理理论和工具上获得专业性收获。

其三，解除企业管理中的一些困惑，指导管理实战；解除职场工作中的一些困惑，成就真正的自我。

其四，提炼领导品质，提高执行效能，提升职业绩效，提振完美人生。

本书与其他书籍相比，具有下列特点，为读者提供阅读指南：

第一，概念简明，内容简要。

例如，领导力、执行力、绩效力、授权、反授权、沟通等概念定义均为六个字或八个字概括，每篇的关键环节、篇后语等均采用精练概括，等等，便于读者掌握精华，快速记忆。

第二，管理理念，工具多多。

先进的管理理念、专业的绩效工具，是管理实践的两把杀手锏。本书提供了115个管理理念和管理工具，其中66个为本人原创，凝聚多年心血和研发成果（此书已经在北京版权局登记并申请知识产权保护）。除自创理论和工具（埋点原理、PKT模式等）外，我在编写通用理论和工具（量子领导力、KPI、KSF等）时，加入许多自己学习理解的内容，不盲目照搬和复制，便于读者阅读消化，吸收养分，充盈自身。

为便于系统学习，我同时编写了《本书理论工具摘要汇总表》（附在书后），读者可对照查找相关内容。

第三，亲身案例，提炼规律。

书中案例，多半为本人亲身经历，将其中一些案例现象提炼成规律。比如，在我观察到“两个领导意见不一致时，到底听谁的”现象后，萌生了“执行领导力”的新概念；又如，在观察到“‘80后’‘90后’员工驱动力不足”的现象后，酝酿了“三维模型”这一特殊的驱动方式，等等。按照这些规律，解除了许多类似现象的困惑，形成了新的管理理念和工具模型。

第四，管理模型，贯穿始终。

所谓管理模型，是指用实物、图像（图表）、场景、固有理论来通俗地表达某个管理主题，体现内在规律性的一种工具模型（或理论）。管理模型具有直观、深刻、专业、高效的明显特征。在本书中，从开篇的“三力模型图”到尾篇的“三力关联图像”，从每篇的实物/图像（图表）内容到“篇后语”概括，从不同理念的定义到各种管理模式、绩效模式，等等，始终贯穿着“管理模型”的思维驻点，模型、模式等字样多处出现。希望通过阅读学习，读者了解、掌握、运用“管理模型”这一重要工具。

第五，反刍阅读，悟出新意。

由于领导力、执行力、绩效力是一个整体，一些内容经过“反刍阅读”后，才能不断加深理解并悟出新意。反刍阅读，是指读者在阅读当下内容时，需要翻阅前面的内容。比如，在阅读当篇内容时需要翻阅篇首的案例导入内容，阅读后篇内容时需要翻阅前篇的相关内容，等等。

本书阅读人员非常广泛。企业领导者可以阅读，企业员工也可以阅读；专业人员可以阅读，非专业人员也可以阅读；职场人员可以阅读，非职场人员也可以阅读……。书中有一些专业性很强的术语、理论和工具，在行文中最大限度地运用通俗语言，为您解答并希望给您带来专业性的指导。

本书把领导力、执行力、绩效力三个元素汇集在一起，进行探讨和大胆尝试。许多问题有待进一步研究，敬请各位导师和专家斧正，恳请大家提出宝贵意见。

领导力、执行力、绩效力也可以应用到生活中去。领导力是人生的方向，执行力是人生的足迹，绩效力是人生的收获。此书献给我的父亲田凤阁（两次患癌仍坚定信念，把有生之年献给航天事业，获得“航天系统老有所为奖”，用担当和奉献谱写生命之歌），献给我的母亲王玉兰，献给我的家人、我的亲人，献给从小到大给予我帮助、指导、关心的老师、同学、领导、同事、挚友们，献给给予我高度信任的读者们。谢谢你们，叩谢感恩！

亲爱的读者，当您拿起这本书阅读的时候，我的内心已经充满了感激。希望本书的阅读，给您带来不一样的感受和收获，对得起时间，对得起精力，对得起自己。心有涟漪，愉快阅读，我们一起学习，一起享受收获的乐趣。

田 军

2018 年 1 月 1 日于北京

·目 录·

CONTENTS

领导力 执行力 绩效力

开篇

本篇摘要

企业管理中的许多问题，往往不是孤立存在的。当我们将领导力、执行力、绩效力这三个元素割裂开来，就会落入僵化思维的窠臼。

笔者大胆、简明地为领导力、执行力、绩效力三个元素赋予了新的定义，提出绩效力的新概念，同时将三者融为一个整体，绘出三力模型图、三力关联图像，揭示了三者的内涵关联，赋予领导力、执行力、绩效力新的活力。

学会使用专业工具，提高效率，得到启示，充盈自己。

领导力

执行力

绩效力

LINGDAOLI
ZHIXINGLI
JIXIAOLI

案例导入一

谁之错

某企业一个业务部门需要复印纸，向领导申报后，领导安排一个员工去购买复印纸。员工立即买了20张复印纸回来，领导大叫："20张复印纸怎么够，至少要三摞！"员工第二天去买了三摞复印纸回来。领导又叫："你怎么买了B5的，我们要的是A4的。"员工第三天买了三摞A4的复印纸回来，领导骂道："怎么买了三天才买好？"员工答："你又没有说什么时候要。"

买个复印纸，员工跑了三趟，领导气了三次。领导摇头感叹："员工执行力太差了！"员工心里说："领导能力太欠缺了，连个任务都交待不清楚，只会支使下属白忙活！"作为使用复印纸的业务部门，却因为没有及时领到复印纸，错过了企业一份重要合同的签订。

思考一：这是谁的错误？是领导者，是员工，还是业务部门？

思考二：是领导者领导力的问题，还是员工执行力的问题，或是企业的工作流程出现了问题？

思考三：不管是哪里出现的问题，都导致了企业绩效受损，怎样从根本上解决这个问题？

案例导入二

谁之功

米店的老掌柜眼看生意不好做，就想出个多赚钱的主意。

一天，他把星秤师傅请到家里，避开众人说："麻烦师傅给星一杆十五两半一斤的秤，我多加一串钱。”星秤师傅满口答应下来。

米店老掌柜新进门的儿媳妇听见了公爹对星秤师傅的吩咐。老掌柜离开后，新媳妇沉思了一会儿，走出新房对星秤师傅说：“俺公爹年纪大了，有些糊涂，刚才一定是把话讲错了。请师傅星一杆十六两半一斤的秤，我再送你两串钱。不过，千万不能让俺公爹知道。”星秤师傅答应了。

一杆十六两半一斤的秤很快制成，一段时间后，米店的生意兴旺起来，又一段时间后，县城东街、西街的人也舍近求远。到了年底，米店发了财，打败了街上所有竞争对手。

年三十晚上，一家人围在一起吃饺子。老掌柜心里高兴，让大家猜猜自家发财的秘密。大家有说老天爷保佑的，有说老掌柜管理有方的，有说米店位置好的，也有说是全家人齐心合力的结果。老掌柜嘿嘿一笑说：“咱靠啥发的财？是靠咱的秤！”接着，他把年初多掏一串钱星十五两半一斤秤的经过讲述了一遍。儿孙们一听，都惊讶得忘了吃饺子，连自家人都没察觉就把钱赚了，赞叹老人家实在高明。

这时，新媳妇从座位上慢慢站起来对老掌柜说：“我有一件事要告诉爹，希望您老人家原谅我的过失。待老掌柜点头后，新媳妇不慌不忙，把年初多掏两串钱星十六两半一斤秤的经过讲给大家听。老掌柜呆住了，一句话也没说，慢慢地走进自己的卧室。

第二天早上，老掌柜把全家人召集到一起，从腰里解下账房钥匙说：“我老了，不中用了，我昨晚琢磨了一夜，从今天起，把掌柜的位置让给新媳妇，往后咱都听她的！”

思考一：星秤师傅当初应该听谁的？听老掌柜的，还是听新媳妇的？

思考二：从绩效导向来看，新媳妇的决策是成功的，但是如果决策失败了，这个风险谁来承担？

思考三：你怎么看待这个问题？

以上两个案例的思考，读者可以得出许多结论，也会形成一定共识。不论是企业经营管理还是日常生活，都会涉及领导者能力、操作者能力、办事效果三个因素。领导力、执行力、绩效力三者既要分开对待，又要融为一体。

领导力、执行力、绩效力在现实中往往不是孤立存在的，而是相互关联形成一个整体。因此，将三者融为一体，逐个剖析，找出内在规律，是管理者的责任，也是管理创新的要求。

一、领导力、执行力、绩效力的定义和作用

领导力、执行力、绩效力在企业经营管理中具有无法替代的作用，三者紧密结合在一起。

（一）领导力、执行力、绩效力的简明定义

在分析领导力、执行力、绩效力在企业中的地位之前，首先要搞清楚领导力、执行力、绩效力三者的概念和定义。

经过多年的学习研究和实战经验，笔者将三者概念分别定义为：

领导力就是“率队达标能力”(六字定义)，即领导者率领团队达到(实现或完成)目标的能力。

执行力就是“奉命办事能力”(六字定义)，即执行者按照领导指令(或计划、任务、目标)办成领导者所交办事情的能力。

绩效力就是“创造业绩能力”(六字定义)，即个人、团队、企业创造业绩、成绩、成效的能力，同时也包括激发业绩成效所采用的方法。

（二）领导力、执行力、绩效力三者在企业中的关键作用

领导力、执行力、绩效力在企业经营和管理中起到非常关键的作用。

企业的发展战略、产品定位、商业模式、市场开拓、人资调配等，需要企业领导者、企业管理者的智慧和头脑。实现企业经营目标，整合企业各项资源，指明工作方向，率领团队实现工作目标，领导力因素至关重要。

企业团队状况，特别是团队执行力状况，是企业完成各项目标的基本保障。培养塑造一支高绩效、高群商的执行团队，任重道远，刻不容缓。

企业最终目标是为了赢利，实现利润最大化。没有绩效，没有盈利，一切都无从谈起。为此，企业要做两个方面的工作：一是瞄准各个岗位和人员的绩效最大化，二是制定和操作激发绩效倍增的机制和方法。

（三）领导力、执行力、绩效力三者密不可分

1.领导力、执行力、绩效力三者之间关系

在企业经营和管理中，领导力、执行力、绩效力三者相互渗透、相互影响，密不可分。其一，从流程顺序来看，领导者制定目标，执行者完成任务，绩效力检验效果。其二，从彼此拥有来看，领导力中有执行力，执行力中有领导力，执行力中有绩效力，绩效力中有领导力等，你中有我，我中有你，相互依存，相互作用。其三，从作用影响来看，领导力、执行力、绩效力三者中任意一个元素发生变化，都会对其他元素产生积极或消极的影响。

2.案例和企业实战的启示

在本篇案例一中我们可以看到，领导权限与管理，员工执行力的系统思考，业务部门流程处理以及对绩效的影响，均出现了问题。

在本篇案例二中，我们不但看到了领导者决策、执行者状况、米店经营效果等更深层次的问题，更看到了三者的密不可分性，引发更加深入的探讨。

在企业管理实战中，经常会遇到领导者与执行者的信息沟通是否对称、员工是否严格并创造性地执行领导指令、工作业绩与领导者和员工的关联性等多方面的问题，形成一个整体系统。上述问题可以逐个进行分析，更要从整体进行联系，三者关系是密不可分的。

在企业实战中，经常出现单纯从领导力、执行力或绩效力的某个方面找原因，头痛医头、脚痛医脚，未进行系统考量，未发现问题的根本，造成很多被动局面。

二、领导力、执行力、绩效力三者关系图

领导力、执行力、绩效力三者关系图是本书阅读的思维导图，也是本书核心逻辑架构。笔者在本书中编入了三力模型图、三力关联图像两张关系图像。

（一）三力模型图

笔者根据多年研究和实战跟踪编写了三力模型图，主旨是体现领导力、执行力、绩效力三者关系的密切程度，突出“不可分割”的理念。

三力模型图，简明清晰地体现了领导力、执行力、绩效力三者的关系，以及由此产生的新概念。如图 1 所示。

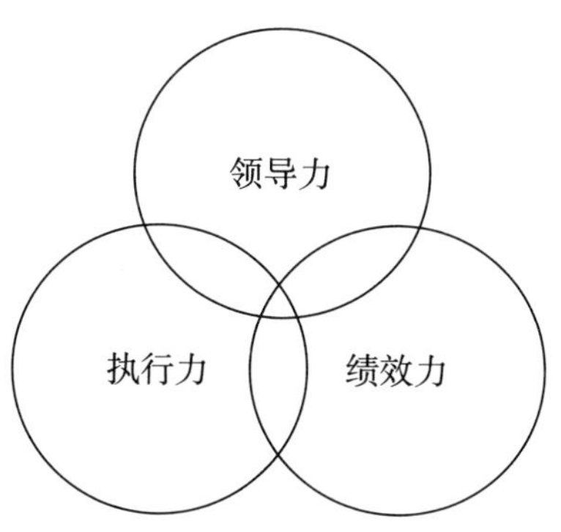

图 1　三力模型图

三力模型图的要素解读及对应篇章如下：

（1）三个圆圈（上，左下，右下）分别代表领导力、执行力、绩效力（第一篇、第二篇、第三篇内容）。

（2）领导力与执行力重合部分，代表领导执行力、执行领导力两项内容（第四篇第十三章第一节内容）。

（3）领导力与绩效力重合部分，代表领导绩效力、绩效领导力两项内容（第四篇第十三章第三节内容）。

(4) 执行力与绩效力重合部分，代表执行绩效力、绩效执行力两项内容(第四篇第十三章第二节内容)。

(5) 领导力、执行力、绩效力三者重合部分，代表企业经营目标。

（二）三力关联图像

三力关联图像，是笔者在三力模型图基础上，通过实战研究编写的另一个三力关系图。

三力关联图像从领导力、执行力、绩效力三者的操作方向上，突出“方向性规律”主旨，具体内容可阅读第四篇第十二章内容。

三、发挥专业工具的力量

制造和使用工具，是人类进步的主要标志，从原始社会的狩猎借助火种，到今天人类借助互联网等工具，完成了一次又一次质的飞跃。在企业管理实战中，各种国内外管理工具也发挥出越来越重要的作用，成为企业专业化服务的重要标识。

在本书中，笔者提供了很多专业工具。这些工具主要包括三类：第一类是笔者在咨询和授课中使用的管理专用工具，如 KT 决策、海氏工作评价、BSC 等；第二类是自主研发的管理模型工具，如 532 决策、PKT 绩效模式等；第三类是管理实战中总结出的一些新概念和规律性方法，如执行领导力、角色灰度等。

有了工具的支持，我们才能心有底气；有了工具的支持，我们才会效率倍增；有了工具的支持，我们才会高屋建瓴；有了工具的支持，我们才能不断强大。

篇后语

在本篇中，笔者提前透露了本书的“藏宝图”：

两个案例，引出要寻找“藏宝图”的问题；

三者的关键作用和密不可分的关系（本篇第一项内容），提出了“藏宝图”里的“三样宝贝”；

三力模型图（本篇第二项内容），展现了第一张“藏宝图”的内容；

发挥专业工具的力量（本篇第三项内容），透露了使用“藏宝图”的“金钥匙”。

期待各位读者，从领导力、执行力、绩效力三者关系的整体角度阅读书籍，在各篇章中体味各自要领，带着思索、带着愉悦、带着收获，踏入2018年的采摘之旅。

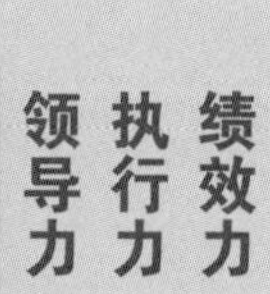

第一篇 领导力篇

本篇摘要

领导力是领导者率领团队达到目标的能力。领导者与管理者不一样，领导者要认清自己扮演的角色，具有英明的决策力、牢固的掌控力、强大的影响力、优质的群合力。

领导者要拥有量子领导力的量子思维、核能领导力的品格智慧、情境领导力的能力意愿、领越领导力的使众人行、灰度领导力的混沌宽容、模型领导力的专业功底。

领导者要具备模型意识，学会建立管理模型，通晓目标管理、授权与反授权、高效沟通、时间管理等领导技能，成为优秀的管理者、卓越的领导者。

领导力

执行力

绩效力

LINGDAOLI
ZHIXINGLI
JIXIAOLI

案例导入三

为啥走

2005 年 3 月，笔者在北京海淀区创办注册公司，从事管理咨询和企业培训业务。第一批业务人员招聘到岗后，当晚进行了集中培训。在 3 个多小时的培训中，笔者介绍了公司业务的客户对象，提出了公司五年、十年发展规划，以及企业文化目标和使命，希望与员工共同成长，共谋大事，在公司的平台上实现自我价值。

培训后第二天，有好几个业务人员没有来上班。笔者开始很纳闷，后经了解才知道，业务员们听了笔者的培训讲话后，感觉空洞，距离自己的工作、生活较远，而且公司目标跟员工之间没有什么实际的关联，看不到希望，所以不来上班。笔者陷入深深的思考当中。

思考一：业务员培训出现了什么问题？公司愿景不应该讲吗？公司愿意怎样和员工利益结合起来，而不是画饼充饥？

思考二：一个业务员，如果只关心业绩提成，不关心公司发展和愿景，这样的业务员是公司所需要的吗？

思考三：作为公司创建者，在领导力方面有哪些启示？

案例导入四

进或退

在某高校 EMBA 班授课中，笔者跟学员探讨过这样一个问题：

一个挖金人在山上挖了 99 米，是否继续挖下去。如果继续挖下去，可能再挖 100 米也见不到金子；但也有可能再挖 1 米就能见到金子。那么，挖还是不挖?

问题提出后，班上学员反映强烈，认为这是一个有代表性和指导性的领导决策范例。在热议中，一个学员提出了现实版案例：某科技公司投入近千万元资金开发一个项目，已经持续多年，现在处在进退两难的境地。如果继续开发，也许再投入几百万元还是见不到成果；如果停业开发，也许再过一个月就会具有强大的市场份额。作为公司主要决策者应该怎么办？

思考一：在已经对公司资金、项目前景、市场份额等诸多因素进行充分调研并论证完成后，仍然存在进与退的困惑，应该怎么办?

思考二：有没有一些提供领导决策的工具方法?

思考三：有没有其他更好的思路和措施?

第一章

领导力认知

CHAPTER1

领导力认知，即如何认识领导力。在这一章我们学习和探讨领导力的定义及要件、领导者与管理者的区别和联系、领导者的角色认知三个方面的内容。

第一节 领导力的定义及要件

什么是领导力，领导力就是“率队达标能力”，即领导者率领团队达到（实现或完成）目标的能力。

领导力由四个要件组成：方向、团队、目标、能力。

1. 选择正确的方向

做正确的事情，通过预测、权衡、抉择等手段，做出正确的判断和决策，确定正确的方向和道路。这是领导力的第一要件。

2. 带领团队

通过引导、培养、激发、影响和掌控团队，挖掘团队的最大潜能，发挥团队的最大作用。这是领导力的第二要件。

3. 完成目标

达到或完成目标，咬定目标不放松，用目标业绩和绩效说话，实现企业目标、团队目标、个人目标。这是领导力的第三要件。

4. 领导力是一种能力

领导力是一种潜能，一种技能，一种效能，需要不断开发、不断提升、不断增效。这是领导力的第四要件。

第二节 领导者与管理者的区别和联系

在现实中，一些人将管理者和领导者混淆起来，认为管理者就是领导者，领导者就是管理者。二者既有区别又有联系。

一、领导者和管理者的主要区别

领导者与管理者的区别主要有以下几个方面：

1. 管理者注重日常操作，领导者注重战略方向

举个简单的例子：关注车辆如何安全行驶，这是管理者的事情；关注车辆往哪儿开，这是领导者的事情。

2. 管理者注重静态职责，领导者注重动态影响

一次，笔者驾驶车辆行驶在道路上。透过车上的反光镜，发现后面有个警车跟着，心里开始犯嘀咕：自己违章了？犯事了？不会呀，自己一贯遵纪守法。但是警车一直跟着，心里开始忐忑起来。

到了一个安全地带，警车缓缓开到笔者车辆前面停下，车里走出一个警官，向我敬个礼。我一想，坏了，警察敬礼一定是要宣布和采取惩罚措施了！然而出乎我的意料，他冲我微笑着问道："记错日子了吧？"

"记错日子？"我心里开始盘算。"记错什么日子了？"警察又说："今天是双号，你的车是……"还没等他说完，我猛然想起了车辆限行，红着脸说："不好意思，我违章了。"警察继续微笑着问："违章应该怎么办呀？"我说："甘愿接受处罚。"随后，我愉快地办理了相关手续。

微笑警官的故事，笔者在许多场合提起。他没有采取机械的措施强行拦住我的车辆，也没有一本正经、非常严厉地说"你车违章了，接受处罚"，机械地履行静态职责；而是慢慢地跟着我的车辆，微笑着提示我的过错，注重动态影响，让我觉得心里暖乎乎的。多年之后，每当想起这段经历，都是一次温馨的回忆，一次自我激励和鞭策。

这个微笑警官的言行，让笔者深刻体会到了管理者和领导者的巨大差别。他是一个称职的管理者，更是一个优秀的领导者。

3. 管理者注重常规问题，领导者注重非常规问题

笔者在一个企业做项目咨询的时候，遇到这样一件事情：一天，企业HRD（人力资源总监）气呼呼地跑进总裁办公室说："李总，你把王××开除

吧，他严重违反了公司规定，上班迟到、早退、玩游戏，影响很坏。我们人力资源部做了很多工作（谈话、警告、处罚）都没有成效。我们不能因为一个人，坏了整个公司的规矩。”

李总没有立即回答她，只是轻轻地说了一句：“呃，这个事情呀，张副总（主管人力资源的副总裁）会答复你的。”

这个 HRD 回到工位不久，收到了张副总发给她的一封邮件。邮件丝毫未提如何处理王 ××，而是发了一篇名为《懒蚂蚁原理》的文章。她想：“怎么发我这个，这能说明什么，能解决问题吗？”但转念一想，既然是主管领导发的资料，还是耐着性子读一读。文章是这样的：

日本科研人员对蚂蚁群的活动进行了持续观察，结果发现，在这个蚁群中有两类蚂蚁：大部分蚂蚁都很勤快地寻找、搬运食物；而少数蚂蚁却整日无所事事，东张西望，休息打鼾，于是把这些少数蚂蚁称作“懒蚂蚁”。

当人为地断绝了蚂蚁的食物来源，或者采取灌水、火烧等危险措施时，那些平时工作勤快的蚂蚁表现得一筹莫展；“懒蚂蚁”们则“挺身而出”，带领众蚂蚁向它们早已侦察到的新的食物源或者安全出口转移……

读到这里，这个 HRD 突然意识到什么，开始询问自己：“这个王 ×× 会不会是我们公司的“懒蚂蚁”？”想到这里，她马上来到张副总的办公室请教。张副总告诉她：“这个信息以前是商业秘密，既然总经理同意，现在就可以告诉你了。我们公司年销售额的 80% 以上都是王 ×× 促成的，他利用自己的各种资源为公司创造主营收入，是我们公司的一支‘懒蚂蚁’。”

听到这里，HRD 一切都明白了。企业管理是为经营服务的，没有经营收入就没有管理。

人力资源管理者遇到管理和经营发生矛盾时，一定要服从企业经营的需要。回去之后，这位 HRD 妥善处理了王 ×× 的问题。

通过这件事情，大家可以清晰地看到，HRD 当初的做法有错误吗？没有。因为她是从管理的常规角度，从制度的严肃性角度出发的。但经李总特别是张副总点拨后，她认识到自己不但是个管理者，更要承担起领导者的责任来，学会处理非常规问题。

4. 管理者注重秩序精确，领导者注重谋划开发

提到管理精确秩序，不能不提及德国。德国人在世界历史上留下的笔迹总是那么凝重而深刻。他们精确而合理的种种安排，特别是在管理秩序、产品质量等方面的精益求精，获得全世界的认可。

笔者去青岛，当地人还津津乐道于德国人100年前修的地下排水系统。科学的规划、精确的勘察、过硬的质量，地下管网系统仍在受益，使青岛成为中国最不怕暴雨的城市。从这个角度看，德国人是很好的管理者。

管理者注重秩序精确，而领导者注重谋划开发。谋划什么？谋划布局。开发什么？开发未来。

笔者近期搜集一些马云的资料，研究阿里巴巴成功的秘诀，有两点启发：第一，他们看好互联网这个平台一定是未来发展的大趋势；第二，他们准确聚焦了中小企业的卖点需求。正是基于这种布局的谋划，基于这种未来的开发，造就了今天的阿里帝国。

综上而言，管理者更看重目前工作的秩序精确，领导者更看重未来长远的谋划开发。

5. 管理者注重做成做好，领导者注重做大做强

关于这个区别，笔者有以下几个层次的理解：第一，管理者是良将，领导者是统帅；第二，管理者注重质量，领导者注重方向；第三，管理者注重守业，领导者注重创业；第四，管理者要求苛刻，领导者抓大放小；第五，管理者追求完美，领导者追求成长。

二、领导者和管理者的内在联系

领导者与管理者既有区别，又有联系。二者的内在联系有以下几个方面：

(1) 领导者需要管理者实现目标，管理者需要领导者指引方向。

(2) 领导者与管理者可以相互转换。

在不同的场景、不同的对象、不同的因素中，领导者可以转换成管理者，

管理者也可以转换成领导者。

(3) 在企业不同成长阶段，担任的角色不一样。

一般来讲，在企业初创期，以领导者为宜；在企业成长期，以领导者为主、管理者为辅为宜；在企业高速成长稳定期，以管理者为主、领导者为辅为宜；在企业鼎盛期，管理者和领导者并存为宜；在企业重大调整和特殊时期，以领导者为主、管理者为辅为宜。

了解领导者和管理者的主要区别，可以更清晰地界定各自的角色定位；了解领导者和管理者的内在联系，可以优势互补，形成一个完整的领导力。

第三节　领导者的角色认知

在企业管理实战中，一些领导者和管理者不知道自己该干什么，不该干什么，要么墨守成规，要么越权越线。究其原因，主要就是不清楚自己的角色认知、角色定位，没有实现角色的转换。

一、角色认知

(一) 明茨伯格十种角色

加拿大管理学家亨利·明茨伯格（Henry Mintzberg）是经理角色学派的创始人，他在《管理工作的本质》一书中解释说："角色这一概念是行为科学从舞台术语中借用过来的。角色就是属于一定职责或者地位的一套有条理的行为"。明茨伯格将经理们的工作分为三种类别、十种角色。

第一类：人际角色类，包括代表人、领导者、联络人三种角色。

第二类：信息角色类，包括监督者、传播者、发言人三种角色。

第三类：决策角色类，包括企业家、干扰对付者、资源分配者、谈判者四种角色。

以上十种角色，系统阐明了管理者的角色认知和定位，明确了主要职责内容，在企业实战中具有很强的指导意义。

(二)“三长”角色定位

笔者根据自己的体验，将领导者的角色定位为家庭中的家长、学校的校长、朋友中的兄长，即“三长”角色定位。

(1) 家长角色。决策和处理团队 (家庭) 中各种问题，以家长名义参加各种活动，带领全家安全、美满、和谐地生活。

(2) 校长角色。制定和引导战略发展方向，教育引导学员，教练技术、提高技能，奖励优秀学员，惩处危机学员，输送优秀合格的毕业生。

(3) 兄长角色。关心体贴下属，朋友共处双赢，在情感、利益上共赢。

按照“三长”角色定位，可以了解领导者的工作方向和工作内容，在角色职责范围内处理各类事情。

二、角色转换

在企业管理实战中，各种角色的分工往往不是孤立存在的，受管理环境、认知范围、管理技能、工作任务等因素的影响，要适时地实现角色转换，才能有效地完成各项目标。

在角色转换中，通常有以下五种形式：

1.领导者与管理者的相互转换

本章第二节，我们详细分析了领导者与管理者的区别和联系。根据企业需要，精细的管理者要转变成大局领导者，大局的领导者要转变成精细的管理者，以适应企业不同时期、不同环境的发展需要。

2.家长、校长、兄长的相互转换

根据企业不同需要，领导者要不定时、不定期地转换自身角色。平时严厉的家长、校长，可以转换成温情的兄长；平时说教的校长，可以转换成仗义的“哥们”，等等。

特别值得一提的是，学会这种转换是领导者的必修课。一旦实现这样的转换，往往会收到意想不到的效果，许多困扰难缠的问题会迎刃而解。

3. 基层人员向领导者的转换

在企业中，一些基层员工由于表现出色、业绩突出被提拔到领导岗位上来。这些人不但要提高管理意识和管理技能，更主要的是要实现以下三个转换：

第一，从点到面的转换。以前基层工作关注某一点（自己、岗位目标等），现在要转换成关注某个面（团队每个人、团队目标和团队活力等）。

第二，从轻到重的转换。轻重转换包括两个方面：一是肩上责任从轻到重；二是工作学会抓大放小。

第三，从事到人的转换。在基层要把更多精力放在事情上，而做领导要把更大精力放在人上。

4. 技术类人员向领导者的转换

企业中的一些技术尖子、技术骨干晋升到领导岗位，认知角色、思维模式和处事方法需要进行转换。

第一，显微镜到望远镜的转换。技术类人员钻研技术时，对一个数据、一个程序，甚至一句话不符合逻辑都会较真。这点对于做技术工作是好事，但对于做领导工作就未必是好事，因为领导工作更多地面对人际关系和不确定因素。要看得更远一些，实现从显微镜到望远镜的转换。

第二，刻板思维到权变思维的转换。技术类人员由于长期受到严谨的逻辑影响，在思考和处理问题时，往往僵化呆板，甚至出现一些笑话。

例如，在一个朋友的公司里，发生过这样一件事情：一位新晋升的技术部经理遇到其他部门员工举办婚礼。他问一个老员工："公司员工结婚时，一般随多少钱份子？"老员工半开玩笑地说道："一般员工给 500 元，你给 5000 元，因为技术是第一生产力嘛。"结果他真的给了 5000 元，此事一度成为公司员工茶余饭后的笑柄。因为这件事情，人力资源总监找过技术部经理进行沟通。技术部经理告诉人力资源总监，根本就不知道老员工说的话是在开玩笑，以为真的要提高技术地位。人力资源总监听后默默摇头，发出一句感叹："真是一个好的技术人员，但不是合格的管理者，更不是领导者。"

5. 业务类人员向管理者的转换

企业中的一些业务类人员（公关、销售、服务等）提拔或调配到管理岗位后，需要实现下列转换：

第一，松散到系统的转换。业务人员的工作时间、工作进度甚至工作对象的掌控相对自由一些。与整日坐班员工相比，显得松散。同时，业务人员经常与人际关系打交道，脑子相对灵活，但是对于整体系统思维和掌控不够关注。因此，要将过去松散的工作方式和思维模式，向着“系统和整体”方向转换，从更加全面的视角认清职责。

第二，理念的强化和转换。业务人员接触各类群体机会较多，在充满不同经营理念、不同价值观、不同诱惑的环境熏陶下，如何坚守和强化公司的固有理念，转换成公司需要的合适人才，是需要引起重视的一个关键环节。

明确角色认知，实现角色转换，一要不断学习和实践，二要进行特殊的训练。在特殊训练中，针对企业不同状况和需求，可以个性定制一些训练课程，如《角色认知的心态突破》《角色转换训练 ABC》《精准定位提高群商》等。通过训练，深入理解角色认知、角色定位、角色转换的核心环节，让角色知识落地更加扎实。

第二章

领导力四力模型

CHAPTER2

领导力覆盖许多元素和内容，笔者将四种要素单独提炼并进行组合，形成领导力四力模型。领导力四力模型包括决策力、掌控力、影响力、群合力四项内容，这是笔者多年研发的领导力成果之一。

第一节　决策力

决策力是领导者决定策略和方法的一种能力，即决策的能力，是领导力中第一要素。一件事情该不该做，是否正确，这是决策力完成的内容。

笔者通过不断学习和实战探索，总结了提高决策力的三条路径。这三条路径分别是预见、权衡、选择。下面结合管理实物模型（本篇第四章介绍模型知识），分别加以说明。

一、预见——望远镜

预见，即预先料到事物可能发生的变化过程及大致结果。需要决策者像拿着望远镜一样，看得远一些，对事物的发展规律认识更深刻一些。

诸葛亮草船借箭，预见了天气变化和曹军疑心；马云创立阿里巴巴，预见了互联网趋势和中小企业刚性需求；胡玮炜创立摩拜单车，预见了城市环保和“解决最后一公里”的商机。真可谓“预见才能遇见”。

如何提高预见性呢，可以尝试下列内容：

1. 站在未来，规划现在

站在未来看现在是战略，站在现在看未来是规划。作为企业主要领导者，要有长远和敏锐的战略眼光，把未来和现在深刻联系起来，才能做出正确的决策。

这里所说的未来，包括两层含义：第一是时间的概念，第二是空间的概念。时间概念是指若干年（或时段）后的趋势或目标，比如做职业生涯规划时设定的职业目标（职业锚）；空间概念是指预料到的可能发生的结果，比如天气预报下周雾霾，提前做好防范等。

战争时期曾有两位被称为“战神”的将军，二人在大战前有个共同的习惯，即面对地图超长时间观察，把各种变化和可能出现的结果收入囊中，这是站在“空间未来”规划现在的范例。

2. 积极预测，养成习惯

笔者喜欢参加一些预测活动，并逐渐养成了习惯。对一些国际国内要事、焦点体育比赛、重要工作进展、生活关键事件等进行预测，按照“532 预测方法”（本篇第四章有专项介绍），预测和判断出最后的结果。

积极参加预测，结果不是最重要的，最重要的是挖掘自身“将眼光聚焦未来”的潜质，而且在经历了各种结果的深入反思中，不断培养自己预见未来的特质和能力，赋予工作、学习、生活新的活力。

3. 登高望远，视野开阔

会当凌绝顶，一览众山小。在紧张工作之余，可以尝试下列事情。

经常爬山登顶，不但健身强体，也增强自信心，更主要的是将视角最大化；经常参加高端论坛（名副其实的），接触成功人士，可以提升价值悟性，打开“脑洞”；经常挑战自我，将自己置身于前所未有的高度（工作及职务等），在感受压力和责任的同时，发现一个全新的自我；不断提升自身素质和修养，品性更高，眼界更宽。

4. 经受历练，厚积薄发

竹子用了四年的时间，仅仅长了 3 厘米。在第五年开始，以每天 30 厘米的速度疯狂生长，仅仅用了六周的时间就长到了 15 米。其实，在前面的四年当中，竹子将根在土壤里延伸了数十米，可谓厚积薄发。可有多少人没熬过当初那 3 厘米，甘愿放弃，因为他们没有毅力，更没有眼光、没有预见。

现在很多企业都在学华为，学任正非，从民族使命、技术领先、利益分配、管理模式等方面收益很多；而笔者更欣赏华为的创业经历和“华为的冬天”理念。当看到华为最早的创业场所，看到任总和员工一起打地铺工作和生活时，内心深受感染。正是这样艰苦的条件和无数次煎熬的历练，成就了强大的华为，成就了具有战略眼光的企业领导。

因此，经受历练，百般煎熬，具备厚积爆发的基础，是卓越领导者提高预见性和决策力的必经通道。

二、权衡——天平

权衡，原指秤锤和秤杆，现指在动态中维持平衡的状态。那么，企业领导者在决策中如何进行权衡呢？

（一）职业经理人的悲哀和醒悟

管理是一种平衡，领导是打破平衡创造新的平衡。

笔者课题研究组专门跟踪和研究过这样一个课题：为什么中国的许多职业经理人到一个企业后怀揣梦想、踌躇满志，最后大部分灰溜溜地离开？

在进行了样本调查、访谈、诊断分析后，列出了公司性质、股权结构、企业理念、运营模式、用人标准、家族裙带等重要影响因素，但印象最深的是这样一条：职业经理人打破了企业原有的平衡（危及部分人核心利益、原有工作秩序等），企业领导者用牺牲（炒掉或冷处理）职业经理人的方式，恢复和创造一种新的平衡。

企业如同一艘航船，在不同的风力、海浪、航情、人力、航线中不断调整，掌握平衡，才能到达目的地。任何危及平衡和安全的行为，都要从根本上解决。

职业经理人是管理者，管理者要实现一种平衡；企业领导者根据情况进行权衡，从而打破平衡，恢复和创造新的平衡。

这个观点，笔者与许多企业领导者和职业经理人进行过沟通交流，多数人表示认可，同时解开了很多职业经理人的心结。

（二）权衡的种类

企业中需要权衡的因素很多，在决策中要重点关注以下种类，并妥善处理：

(1)关键岗位人员的任用和离职。

(2)企业利益分配引发的各种纠纷。

(3)企业的经营风险、社会风险、法律风险。

(4)员工冲突、部门冲突、子分公司矛盾冲突。

(5)员工工作与生活的矛盾。

(6)企业警觉的其他事项。

三、选择——抓阄

企业领导者在决策中，很多时候面临着选择。摆在面前的是两个或两个以上不同的方案，从中选择哪一个呢，对领导者的决策水准是一个考察。选择对了，是英明的领导；选择错了，成了糊涂领导。

(一) 问题的提出

本篇案例四就是面临选择的一个案例。挖金人已经挖了99米，是继续往下挖，还是停止挖掘？企业投入了近千万元资金开发某项目，是继续开发还是停止开发？

与此类似，还有一个“急诊博弈”的案例：

危急病人被推进急诊室，面临两种不同的抢救治疗方案：一种方案是手术治疗，会立即根除病灶治愈，但同时面临手术失败造成死亡的巨大风险；一种方案是保守治疗，不需要手术，不会造成死亡，但可能造成终生后遗症。在这生死攸关的时刻，需要当事人迅速做出抉择，从两种方案中选择一个。

(二) 选择方案探讨

众所周知，许多案例探讨没有对错之分，只有接受和不接受观点之别。

在案例四中，笔者带领EMBA班学员们进行了热烈深入的探讨，除了常规观点和方法之外，有两个学员提出的观点被多数学员所接受。

观点一：摒弃非黑即白的思维模式，不在“挖与不挖”“投入与不投入”的问题上纠缠，暂时停下来，观察一段时间再做决断。这是决策中的“时间差”，领导者要善于使用这个“时间差”。在后面的内容中，有“让子弹先飞一会儿”的案例，也是这个道理。

观点二：设立进度和成本底线，或进行项目转让，减少投入成本损失，别人赢利不眼红。

在“急诊博弈”案例中，笔者尝试使用决策工具，采用“决策532模型”，即按照三类角色的权重进行决策（详见本篇第四章第二节决策532模型）。这样，在处理重要而紧急的事件时就有了一种简明有效的工具方法，为领导者决策提供一颗重要砝码。

（三）其他选择方法

除了上述两例所述方法外，还可以采用博弈决策法（随机抽取）、指令决策法（领导指定）、动态决策法（动态调整）、样本决策法（样本数据）、群体决策法（团队意见）、反证决策法（反向思维否定）、系统决策法（专业系统）、模型决策法（借助模型）等。通过以上的方法，选择出最优方案，赢得最佳决策力。

决策力是领导者的预见、权衡、选择的能力，有了好的决策，才能有好的掌控力、影响力和群合力。

第二节 掌控力

掌控力是领导者掌握控制的能力，是领导力的第二要素。前面所述，领导力是率队达标能力，即率领团队达到（完成）目标的能力。领导者的掌控力主要包括三个要素：第一，是否偏离目标的掌控；第二，团队的掌控；第三，关键资源的掌控。

一、是否偏离目标的掌控

领导者要率领团队实现目标，首先要确认和识别目标（详细内容见本篇第五章第一节）。有了明确的目标方向和数据准星，才能率领团队为之奋斗。在这个过程中，领导者需要对偏离目标的状况进行纠正和掌控，保证团队在行进方向上不出现问题。

在企业实战中，往往出现下列偏离目标的情况：

1. 工作阶段性成果与总目标相背离

比如，销售部门在一段时期内开发了很多散户，取得了一定的销售业绩，但偏离了公司年度制定的“以开发大客户为重点”的总体目标，领导者就要适时矫正，进行掌控。

可能有人会问：管他什么大客户、小客户（包括散户），只要能挣到钱不就行了吗？这个问题提得非常现实，但却忽略了两点：第一，公司既然制定了以大客户为主的战略目标，定会有长远和深刻的考虑，甚至已经进行了前期投入；第二，即使销售产品给一些小客户（包括散户）达到了销售收入指标，但不如大客户的品牌影响力强。试想一下，地区居民等散户用公司的产品，与华为、联想、海尔等大客户用公司的产品，哪个更有影响力？

当然，可能有读者会继续提出深入的问题，这里不进行探讨。因为，笔者是从掌控力（偏离目标的掌控）的角度提出观点。如果换个角度，可能会引发另一个观点和结果。

2. 团队所做的不是领导想要的

由于认知、理解、沟通等方面的差异，团队一段时间的工作结果没有达到公司领导的预期目标，甚至与领导想要的成果风马牛不相及。因此，团队的领导者一方面要准确领会公司领导的需求，另一方面要不断调整和矫正工作方向及内容，始终掌控团队工作不偏离领导要求，不偏离公司的目标。

3. 片面追求指标而出现偏差

有些单位和个人，为了完成经济考核指标，弄虚作假，牺牲整体利益，违反企业规定，甚至触及职业道德和法律法规底线，严重偏离了公司理念。发现这种情况，领导者要及时纠正和处理，牢牢掌控团队，不能偏离公司所倡导的理念，不能越过政策和法律“红线”。

在企业实战中，还会遇到其他一些偏差，领导者要留意并掌控。

二、团队的掌控

领导者率领团队实现目标，对所属团队的掌控至关重要。领导者怎样才能真正掌控团队，真正掌控团队有哪些标准，以下几个方面的内容可供参考：

(1) 率领团队优质完成工作目标。

(2) 随时组织和调配人员，即刻到位。

(3) 组织各种活动、安排各项工作时，团队立即响应，并对最终结果负责。

(4) 团队成员重要信息（包括工作、生活等）能即刻入耳。

(5) 成为团队各类矛盾和冲突的最终裁决者，团队成员自愿无条件服从和接受。

(6) 团队成员价值最大化，向心力、凝聚力强。

要真正实现对团队的掌控，需要运用权力、魅力、制度等杠杆，巧妙地发挥领导的强势功能。

三、关键资源的掌控

领导者要对下列企业资源进行掌控：

1. 企业印章

印章是企业的命门，必须对其进行严格掌控。一般来讲，企业印章管理有两种方法：一种是经过盖章申报和审批，持章人盖章并负责保管；一种是公司信任的人，负责保管印章（或随身携带），需要时盖章。

这里给大家介绍另一种方法。笔者在一家集团公司做高管的时候，公司的印章实行双向管控，即用一个大保险箱包着一个小保险箱，印章在小保险箱当中。大小保险箱各有一把钥匙，笔者拿着大保险箱的钥匙，同时负责盖章流程文件的审批，另一位经理拿着小保险箱的钥匙。需要盖章时，需要两个人同时开启大、小保险箱，才能完成盖章。

很多人会这样想：都说疑人不用，用人不疑，为什么印章管理需要两个人，这分明是对持章人的不信任嘛，至少是不完全信任。但这样做的好处是，既可以保障印章的安全，又可以减少一个人盖章的失误风险。更重要的是，作为一名企业的高级管理者，在接受监管的心态上必须调整过来。这种监管对公司有利，对管理者有利，是对管理者的一种保护，同时也是考核关键岗位人员特质的一项否决指标。

企业印章的双重管理，是领导者掌控力的重要体现。企业领导者要从实际情况出发，把印章牢牢掌控在手中。

2. 资金和物资

资金和物资是企业的命脉，企业领导者要绝对掌控。需要强调两点：第一，在民营企业中，财务人员向外流出资金时（哪怕数额较小），一定要跟领导者直接请示并复命（一些财务人员认为多此一举，实际不然）。第二，掌握重要物资（资源）的人员，在上岗前最好做背景调查和综合测试。

企业各级领导者，必须牢牢掌控资金和物资的核心资源，同时做好与企业最高领导者的联络。

3. 核心机密

核心机密包括商业机密、知识产权、机要文件等。核心机密的损失价值是不可估量的，各级领导者万万不可掉以轻心，必须掌控，安全管理，发挥核心机密的最大效能。

企业领导者要牢牢地把目标、团队、资源攥在手中，这是掌控力的核心要求。英国管理学家迈克尔·威廉斯（Michael Williams）的《掌控领导力》一书从更宽阔的视角解读了领导力、掌控力的内涵，帮助一些企业领导者理解领导力，理解掌控力。

第三节　影响力

影响力是领导者对人或事物起作用的能力，是领导力的第三要素。优秀的领导者不是利用职权掌控事物的发展，而是用影响力左右事物的进程。

一、影响力的三条途径

领导者对人或事物的影响，一般通过自身影响、人事处理影响、事件处理影响三条途径实现。

1. 领导者的自身影响

领导者自身的道德品质、领导素养、综合素质、人格魅力等因素，会对团队成员产生直接影响。“三军易得，一将难求”“火车跑得快，全靠车头带”“打铁先要自身硬”等话语，除说明领导者的重要地位外，也道出了领导者自身影响的强大功能。

有一个好的领导者，团队成员不仅信服他，甚至会为之“拼命”。战争年代如此，和平时期如此，现在经营企业依然如此。

一些企业遇到困难和危机时，员工积极面对，不离不弃，群策群力地克服困难，和企业共同渡过难关。一个很重要的原因，就是员工被企业主要领导者个人魅力所征服，在企业最需要的时候，他们和企业坚定地站在一起。

2. 人事处理影响

在企业中，对人的处理是最重要、最复杂、最敏感的事情，深深影响员工的行为和心灵。优秀的领导者往往通过对人的处理（采用晋升奖励或惩戒方法等），对当事人和其他人员产生深刻影响，以此规范团队行为，激发团队最大价值。

3. 事件处理影响

企业领导者对事件的处理，是体现领导者水准的重要标志。他们往往通过导向事件、焦点事件以及牵动全局性事件的妥善处理，实现影响力最大化。

来看轰动一时的“海底捞老鼠门”事件。2017 年 8 月，某媒体记者在北京海底捞两家门店暗访一段时间后发现，老鼠在后厨地上乱窜，打扫卫生的簸箕和餐具同池混洗，用顾客使用的火锅漏勺掏下水道……。对这一事件随即进行了媒体报道。

一石激起千层浪。事件发生后，一些记者随机进行了街头调查。许多消费者表示，他们心中的海底捞大厦瞬间倒塌了，今后不想前往海底捞就餐，或者在心理障碍被克服之前不会选择海底捞。老鼠门事件，给海底捞造成很大的负面影响，同时也引起人们对食品安全等问题的深入关注和思考。

对于此次事件，海底捞领导者立即采取措施，做出回应，发出了《关于海底捞火锅北京劲松店、北京太阳宫店事件的致歉信》，承认报道中披露的问题属实，公开承认错误，立即采取措施，公布处理结果，向各位顾客朋友道歉，并对媒体表示感谢。

致歉信发表后，获得了多数消费者的理解和赞誉，纷纷为这种敢于承认错误和承担责任的行为点赞。海底捞领导者在面对这样一个危机事件时，用最原始、最普通的方法，化被动为主动，重新打动了消费者的心，是事件影响力的一个典型案例。

领导者勇于公开承认自己的错误和过失，是一种高贵品质。这里之所以用“高贵”二字，有两层考虑：

其一是很长一段时间以来，许多领导者虽然心里已经认识到错误，但考虑面子、利益、业绩等因素，不肯公开承认错误，甚至形成一种习惯。“领导总是对的”，这句话已经成为经典之句，在各界广为流行，成为许多人处事的圭臬。

其二是公开承认错误，需要克服私利，有一种宽大的胸怀。在人们热衷逐利、信奉丛林法则的时候，这种公开承认错误的品质显得弥足珍贵。

死死咬住错误不肯承认，甚至为错误涂脂抹粉、振振有词，会造成更大的对立，留下矛盾和冲突激化的隐患；勇于公开承认错误，会换取人们的理解和尊敬，会调动人们更大的积极性，共同克服困难完成工作，为领导者的品格和业绩增色添彩。

“群众是真正的英雄，而我们自己则往往是幼稚可笑的。”一些领导者抱着错误誓死不放，承认错误就以为自己的权威和面子受到挑战，结果造成了丧失民心和工作被动的不利局面。这些不肯承认错误的领导者，如同一个乞丐在寒冷的冬天，赤身抱着棉衣要饭，样子一样地可笑。

二、影响力和掌控力的关联

在领导力四要素中，掌控力和影响力的关联性很强，主要体现在两个方面：第一，影响力和掌控力互为弥补；第二，组合成四种领导风格。

1. 刚柔相济，互为弥补

在实践中，刚性掌控力需要柔性影响力做补充，柔性影响力需要刚性掌控力做支撑。

在掌握控制一个事情时，需要影响力渗透一些内容；在一个事情的影响效果不济时，需要运用有力的掌控力手段。

当然，这里所说的掌控力是刚性的，影响力是柔性的，只是一个相对概念。在实战中，柔性的掌控和刚性的影响也是屡见不鲜，我们要从整体、客观的角度去理解和运用。

2. 四个象限，四种风格

以掌控力为坐标横轴，以影响力为坐标纵轴，会形成四个区域，产生四种不同的领导风格，如图 2-1 所示。

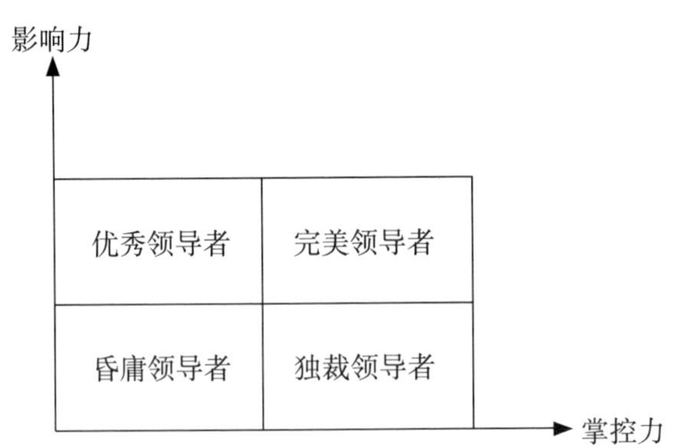

图 2-1 领导风格图

第一类型：掌控力强，影响力强——完美领导者。

第二类型：掌控力强，影响力弱——独裁领导者。

第三类型：掌控力弱，影响力强——优秀领导者。

第四类型：掌控力弱，影响力弱——昏庸领导者。

第四节　群合力

群合力是领导者所辖群体（团队）的聚合能力。所谓聚合能力是指团队协作能力、凝聚能力、团队潜质和效能最大化。

群合力是企业集体软实力的重要体现，是领导力的第四要素，也是结果要素。一个团队群合力的大小和强弱，直接影响团队战斗力和工作目标的实现。

群合力与乌合、内耗、散沙等群体状况相左，与凝聚力、协作力、整合力等内容相融。

领导者培育和打造群合力，要重点关注以下几个要素：

一、品质基础——群商

所谓群商是指一个群体的智商、情商、魂商三种商数的综合体，是体现团队软实力的重要参数，是群合力的品质基础（笔者下的定义）。试想，一群乌合之众，群商是不会高的。

（一）三商简读

智商（Intelligence Quotient）简称IQ，即智力商数，是人们智力水平的数量化指标。

情商（Emotional Quotient）简称EQ，即情绪商数，指人的情绪品质对社会和他人的适应能力。

魂商（Soul Quotient）简称SQ，即灵魂商数，是一种处理和解决意义与价值问题的能力，是关于事物本质的认识。

比如，做一件事情，智商是指是否具备做这个事情的能力，情商是指能否在不同的人群和环境中完成这件事情，魂商是指做这个事情的意义和价值等内容。

在后面的章节中，还有群商的一些具体内容。

智商——情商——魂商，从低到高，由表及里，构成了群合力的品质基础。有了优质群商做保障，才会有团队的优质群合力。

(二) 几项工作

领导者要倾心提高群商，须做好以下几项工作：

第一，要对团队全体人员进行专业测试，了解和掌握团队三商整体水平。

第二，有针对性地开展专项培训，提升基本认知和技能。

第三，深挖企业灵魂及个人梦想，使企业和个人心系一处，魂在一起。

二、动力基础——共同利益和愿景

领导者要将员工个人利益与团队共同利益紧密捆绑在一起，个人愿景与团队愿景重合。这样，团队就具备了动力基础，为群合力这部机器装上了发动机。

有领导人提出“资产阶级来到人间，每个毛孔里都流着肮脏的血”，百姓听不懂，感觉深奥；又有人提出“无产阶级在革命中失去的只有枷锁，得到的是整个世界”，百姓似懂非懂，感觉离自己很远；而“打土豪，分田地”，百姓听懂了，并且心甘情愿地团结起来，为之奋斗。

本篇案例三（“为啥走”）中，笔者没有深刻领会群合力的动力基础，是造成公司员工集体离职的一个重要原因，需要很好地进行反思。领导者要在共同利益上多动脑筋，采取真正吸引人的方法，才能有效提高团队的群合力。

三、统一认知——摆正个人与团队的关系

统一认知，就是要摆正个人与团队的关系，包括两个方面的内容：

第一，没有完美的个人，只有完美的团队。个人都是有缺陷的，团队组合是完美的。

第二，个人利益要为团队利益让路，个人服从于团队，个人不能凌驾于团队之上，这一条是铁律。

四、导向清晰——鼓励与处罚

导向清晰是指在涉及群合力问题的处理上，坚决鼓励符合群合力的言行，坚决惩处违反群合力的事情。要立竿见影，导向清晰，刚正不阿。

五、互补协作——充分发挥团队效能

领导者要善于发现团队成员和团队资源的优势，弥补不足，实现团队组合和资源组合价值最大化。

1. 优势劣势互补

每个团队成员都有自己的优势，也存在自己的短板，领导者要及时发现，在人员调配、工作安排等方面进行互补，发挥团队成员的整体效能。

2. 工作相互补台

团队成员之间、团队内部之间、团队与其他团队之间，在工作中要相互补台，团结协作（尤其是工作接口处或职责界定不清的地带）。要以公司利益和团队大局为重，不管分内分外，形成良好的协作氛围，让互相拖延、推诿、拆台等行为没有立足之地。

3. 团队资源互补

有效调配团队内部各种资源（人力、财力、物力、信息等），实现资源效应最大化。

英明的决策力、牢固的掌控力、强大的影响力、优质的群合力，是领导力的四个核心要素，构成了领导力四力模型的内容。

第五节 四力模型图示

决策力、掌控力、影响力与群合力，四个要素的内容和组合构成了领导力四力模型。领导力四力模型主要有垂直圆周式和中心圆周式两种，如图2-2、图2-3所示。

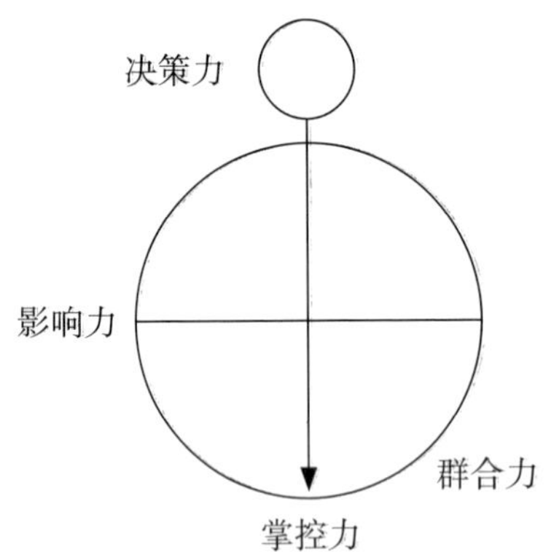

图 2-2 垂直圆周式

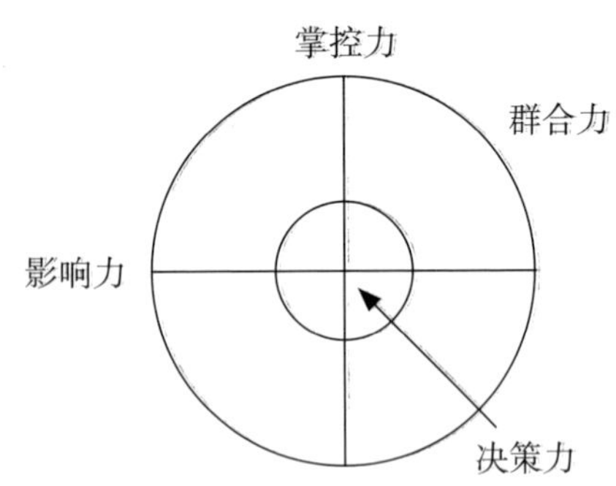

图 2-3 中心圆周式

图 2-2 元素图解：

决策力——顶部小圆

掌控力——垂直向下箭头

影响力——水平线段

群合力——大圆圆周

图 2-3 元素图解：

决策力——中心小圆

掌控力——中心竖轴

影响力——水平横轴

群合力——大圆圆周

一、垂直圆周式

垂直圆周式是以决策力高高在上、掌控力垂直向下为主体，影响力和群合力做支撑的一种领导力模型。垂直圆周式模型是强势领导力的代表。

垂直圆周式模型主要有三个特点：

(1)决策的地位至高无上，一旦形成决策则无法撼动。

(2)掌控力为主要手段，运用权力无条件进行掌控。

(3)影响力和群合力不是主要手段，但起到重要支撑作用。

在企业创业初期、产品结构和组织机构进行重大调整、完成一些特殊任务等情况下，建议采用垂直圆周式模型。

二、中心圆周式

中心圆周式是以决策力中心，以掌控力和影响力为双支柱，群合力为圆周的一种领导力模型。中心圆周式模型是均衡领导力的代表。

中心圆周式模型主要有三个特点：

(1) 决策的位置处在中心，决策根据需要可以适当进行调整。调整后的模型仍以决策力为中心，其他要素（掌控力、影响力、群合力）按照原有图形进行分布（外观、骨架不变）。

(2) 掌控力和影响力两个手段同时进行，掌控中有影响，影响中有掌控。

(3) 群合力是一种润滑剂，更是一种检验手段，即决策力、掌控力、影响力的实际效果通过群合力表现出来。

在企业步入正轨或进入高速发展期，建议采用中心圆周式模型，企业各项管理工作均衡发展。

三、案例分析

以下通过案例分析的方式，说明决策力、掌控力、影响力、群合力的关联和图示。

某企业一位员工家属患重病需要治疗，承担不起昂贵的手术费和医药费。公司（领导和员工）获知信息后，考虑是否进行捐款援助，怎样进行捐款援助，现结合领导力四力模型的要素逐一进行分析。

1. 决策力

公司领导开会，讨论到底该不该捐款。

如果捐款，是雪中送炭，体现员工关怀和亲情文化。但是，以后每个员工家属患重病是否都要由公司捐款援助？

如果不捐，缺少人情味道，在员工最需要公司帮助的时候，公司弃之不顾，员工心灰意冷，以后谁还肯为公司拼命工作？

于是左右为难，需要进行决策。在各种意见争论不休时，公司领导者最后拍板：捐！员工生活无小事，公司必须这样做。

既然决定捐款了，捐款采取哪几种方式呢？

2.掌控力

公司领导者决策拍板后，对财务经理说："这个月从我开始，每个员工按照捐款分配数额从工资中直接扣除，如有异议，直接开除。"

这是第一种捐款方式——掌控力捐款方式。

3.影响力

公司经过讨论，决定自愿捐款。领导者带头捐出最高数额，管理层人员积极响应。员工看到领导们都捐了款，自己也捐吧，所以都参加了捐款。

这是第二种捐款方式——影响力捐款方式。

4.群合力

公司对此事没有开会讨论，没有表态，采用缄默方式。骨干员工私下商量，员工之间互相沟通，决定私下进行捐款，员工自愿参加。消息透露后，结果是一呼百应，场景感人，不少员工取出生活中急需的款项捐赠。

最后，不但基层员工主动捐款，还带动了公司各级领导也参加到捐款队伍中来，形成了"一人有难大家帮，团结协作渡难关"的良好企业氛围，大大增强了企业凝聚力和战斗力。

这是第三种捐款方式——群合力捐款方式。

细细回味上述三种捐款方式，可以发现：第一种方式以强势掌控力为主线，属于垂直圆周式；第二、第三种方式根据不同的决策布局，分别以影响力和群合力为主线，属于中心圆周式。

领导力四力模型，对领导力诸多要素进行了提炼，聚焦领导力四个核心要素，形成一个相对完整的知识系统。它是领导者和管理者学习领导力知识可以借鉴的一种工具，为整体提升领导力水准奠定了基础。

第三章

领导力类型

CHAPTER3

多年以来，由于人们对领导力的理解不尽相同，各种领导力理论层出不穷，形成了众多领导力种类。

笔者在此章当中，选择和分析一些有代表性的领导力类型（量子领导力、情境领导力、核能领导力、领越领导力、灰度领导力、模型领导力等），吸收各自精华，拓宽领导者视野，为领导者提供思维工具支持。

第一节 量子领导力

量子领导力理论，由英国管理学家丹娜·左哈尔（Danah Zohar）提出，源自她的《量子领导者》一书。

量子领导力是基于物理学量子理论提出的领导力理论，笔者将其主要思想进行提炼并归纳如下：

一、颠覆牛顿传统的原子思维，提出量子思维的新视角

牛顿传统思维认为，世界由“原子”构成。原子和原子之间，像一颗颗撞球一样，彼此独立，即使发生碰撞也会立即弹开，所以不会造成特殊的变化。因此世界将日复一日地稳定运作。

量子物理学在20世纪初兴起，主张世界由能量球（energy balls）组成。能量球碰撞时不会弹开，反而会融合为一，不同的能量产生难以预测的组合变化，衍生出各式各样的新事物。

丹娜·左哈尔15岁时第一次接触到量子物理学，量子物理学使其找到了一个新的审视自我、审视社会、审视精神世界的方法。成年以后，她开始把量子模型引入到管理实战中，催生了量子领导力理论。

二、强调动态和不确定性，推崇变革和创新

左哈尔说道："牛顿思维并没有错，但有局限。"牛顿思维重视定律、法则和控制，强调"静态""不变"。量子思维重视不确定性、潜力和机会，强调"动态""变迁"。

机械工业时代，事物大都呈现规范化，遵循一定的秩序，牛顿思维是可行的。但是今天的信息时代，一切几乎都由量子科技创造出的计算机芯片和科技力量所主导，到处充满了变化和不确定性，牛顿思维已经难以适用。因此，必须适应变化，进行变革和创新。

一次偶然的机会，沃尔沃管理层听到了左哈尔女士的量子领导力讲座，从而改变了原有的管理模式。从决策层到执行层，由从上到下的传统管理模式，改变成从下到上的量子管理模式（灵活透明且倾力合作），取得了巨大的成功。

三、量子思维 = 西方的左脑思维 + 东方的右脑思维

西方思维方式是用左脑思维，是理性、逻辑、线性的思维；东方思维方式是右脑思维，更注重感觉和直觉，是一种自发性和全面性的思维。西方呆板的线性思维导致了精神与社会的分裂，同时也造成了很多经济、政治、社会、文化方面的问题；东方的思维不像西方思维那么具有逻辑和理性，显得随意。

把东西方思维结合起来，取其精华，去其糟粕，得到一种全新的思维模式，我们称之为量子思维。

四、魂商的核心是量子思维

左哈尔认为，魂商跟宗教没有关系，它出现在世界上任何一个宗教出现之前。魂商的本质是让我们问许多个"为什么"。它促使我们问四个基本问题：我从哪里来？我到底是谁？我为什么在这里？我能做什么？魂商正是所

有这些问题的一个总结，魂商是一个人最具有基础性的特质。

魂商最重要的原则，就是体现量子的思维。量子思维可以给我们一种新的想法，新的动力，新的价值观；可以让我们提出更有价值的问题，重视自发性，开始认识自我，尊重多样化；让我们在困难面前不低头，学会谦卑，有同情心，有使命感。做到了这些原则，就可以建立一个以量子管理为基础的公司。

五、量子领导力与人本管理

量子领导力的思想，对人本管理有如下启发：

(1) 看重文化领导力，看轻人才管控力；

(2) 聚焦员工深层次驱动力和价值体验；

(3) 多下功夫，培养忠诚型的灵性员工；

(4) 为员工服务，是每个领导者的责任；

(5) 尊重个体独创性，发挥最大群合力；

(6) 制度管理人性化、差异化、融合化。

学习和汇集量子领导力的内容，笔者有两个最大的感受：

感受一：伟大的量子理论

量子概念是德国物理学家马克斯·普朗克（Max Planck）在1900年首先提出的，到现在已经有100多年了。经过玻尔、狄拉克、爱因斯坦等许多物理学家的创新努力，到20世纪30年代，初步建立了一套完整的量子力学理论。

笔者在授课中，经常应用量子理论，在引荐量子理论的同时，激发爱国热情。

2016年8月，我国成功地将世界首颗量子科学实验卫星“墨子号”发射升空，这种方式极大地提高了通信保密性。2017年6月，“墨子号”实现1203公里光子纠缠，刷新世界纪录。

量子理论和量子思维，能打开人们的“脑洞”，开启另一扇天窗，解释诸如“第六感觉”“因果报应”之类的迷惑，为其找到了科学的理论依据。

感受二：不确定性的乐趣

笔者以前非常推崇计划、规律、逻辑等确定性事物，而对于变化、不确定性不太适应，甚至非常反感。在一些企业做职业经理人期间，对于领导者的朝令夕改、反复无常很不理解，感觉很不适应。认为领导者没有统筹规划，缺少计划性，就会拍脑门。这些做法与自己推崇的正规化管理理念不相符合，逆情悖理。

有两件事情促使笔者转变观念：一是自己创业以后，开始理解领导者的苦衷和做法；二是学习量子领导力理论，找到了有信服力的理论归因，特别是对于“不确定性理论”的理解发生了深刻变化，学会更客观、更宽容以欣赏的眼光看待变化，体验和享受到了不确定性带来的多种乐趣。

我们现在所处的乌卡（VUCA）时代特征是易变性、不确定性、复杂性、模糊性。据此，不但可以享受各种变化和不确定性的乐趣，还可以成为时代弄潮儿。

第二节 情境领导力

情境领导力理论，由美国行为学家保罗·赫塞博士（Paul Hersey）提出，源自他的《情境领导者》一书。

情境领导力认为，领导者应随组织环境及个体变换而改变，笔者将其主要思想归纳为以下几个方面：

（1）领导者应随组织环境及个体变换而改变领导风格及管理方式。

（2）领导者要同时扮演管理者与领导者两种角色，首先是一个领导者，其次才是管理者。

关于领导者和管理者两种角色的主要区别，笔者在本篇第一章第二节已经做了详细解读。

（3）领导者的行为要与被领导者的准备度相适应才能取得有效成果。

准备度是指被领导者在接受并执行一项具体任务时，所表现出的意愿和能力的水平。

所谓意愿是指个人或组织完成某一项特定的工作或活动而表现出的信心、承诺和动机；所谓能力是指个人或组织在某一项特定的工作或活动中所表现出的知识、经验、技能与才干。

人们在每项工作中所表现出的意愿和能力的不同组合，构成了四种不同的准备度水平。第一种：没意愿，没能力；第二种：有意愿，没能力；第三种：没意愿，有能力；第四种；有意愿，有能力。

领导者要根据观察到的行为来判定被领导者的准备度。领导者若要实施有效的管理，必须善于区分和把握被领导者当下的状态。

(4) 四种领导方式。

针对上述四种不同的准备度水平，形成四种不同的领导方式：

告知型领导：指导性行为多，支持性行为少。

推销型领导：指导性行为多，支持性行为多。

参与型领导：指导性行为少，支持性行为多。

授权型领导：指导性行为少，支持性行为少。

(5) 领导力就是执行力。

赫塞博士的这一条理论，从另外一个角度支持本书的立论，将领导力、执行力与绩效力三者融合为的一体，不割裂开来，探索研究三者之间的关联规律，更好地指导企业实战。

学习和归纳情境领导力理论，笔者主要有三点感受：

感受一：从关注领导者本身，转向关注领导者环境

在许多领导力理论中，以强调领导者自身的要素居多，如领导者素养、领导者技能、领导者情商等。

情境领导力理论将关注点转移，从内到外，从主体到客体，从本身到环境。领导力可以存在于领导者身上，也可以发生在员工身上，还可以发生在环境因素上，等等。要求领导者的领导方式随环境和员工的情况而改变，这是一种务实、高效的领导模式。

感受二：摒弃了非黑即白的思维方式

非黑即白的思维方式在工作中司空见惯。一些领导者经常这样问员工："这项工作你能干还是不能干？"评价一个员工时，要么胜任工作，要么不胜任工作。这是典型的非黑即白的思维方式，是二元认识论的思维模式。这种思维方式机械刻板，有很强的局限性。

情境领导力理论突破了这种局限，在黑白之间或黑白之外找到其他颜色，更客观、更接地气地分析和解决诸多管理实战问题，显示出强大的生命力。

感受三：变换"意愿"和"能力"两个要素的排序位置

细心的读者（对情境领导力理论有所了解）不难看出，笔者在归纳和陈述赫塞情境领导力理论时，颠倒了"能力"和"意愿"两个要素的排列顺序，将原来在后的"意愿"提到"能力"之前，形成先"意愿"后"能力"的新排序。其主要意图有两个：

第一，符合中国人的思维习惯。中国人考虑问题和做事情，一般是按照"想不想做"到"能不能做"的顺序，即先意愿，后能力。这样更顺理成章，通俗易懂。

第二，尊重、保留赫塞情境领导力理论的完整要素。对准备度的定义、四种水平、四种领导方式等内容的阐述，最大限度地保留了原创理论的完整要素，不偏离情境领导力理论的初衷。

第三节　核能领导力

核能领导力理论，由美国管理学家约翰·马托尼（John Mattone）提出，源自他的《领导力核能》一书。

核能领导力，是以领导者品格为核心、智慧领导力轮盘为工具的领导能力。笔者将其主要思想归纳为以下几个方面：

一、内部核心能力 + 外部核心领导能力 = 卓越领导者

无可争议的全球商业挑战，对于优秀领导人才的需求量很快超过目前的供给量。目前很少有人具备强大的内部核心能力，以及克服这些挑战所需要的外部核心领导能力。由于品格缺陷或者不够成熟，许多高级管理人员开始或已经偏离轨道。只有具备内部核心能力和外部核心领导能力的领导者，才是卓越领导者。

二、智慧领导力轮盘

智慧领导力轮盘，由内部核心能力和外部核心领导能力两大部分、四层要素的圆形所组成，采用圆周转动方式。

从内向外顺序看，第一层和第二层统称为内部核心能力，第三层和第四层统称为外部核心领导能力。

第一层：圆心

圆心有两项内容，第一是自我概念，第二是品格因素。

自我概念，是指领导者是否天生具有领导能力，这些能力是否是经验、重复、培训的结果等。

品格因素，包括勇气、忠诚、勤奋、谦逊、诚实、感激六项因素。

第二层：信念、价值观、参照物

第二层由信念、价值观、参照物三项内容构成。信念是自我确信的看法；价值观是指“我看重什么”；参照物是指以前自己或他人做过的相关参考系列，例如学车考驾照等。

第三层：思想、情感、行为趋势

第三层由思想、情感、行为趋势三项内容构成。

第四层：九种领导能力

第四层由批判思维能力、决策制定能力、战略思维能力、情感领导力、沟通力、人才领导力、团队领导力、变革领导力、结果驱动力九种能力构成。

智慧领导力轮盘，如图 3-1 所示。

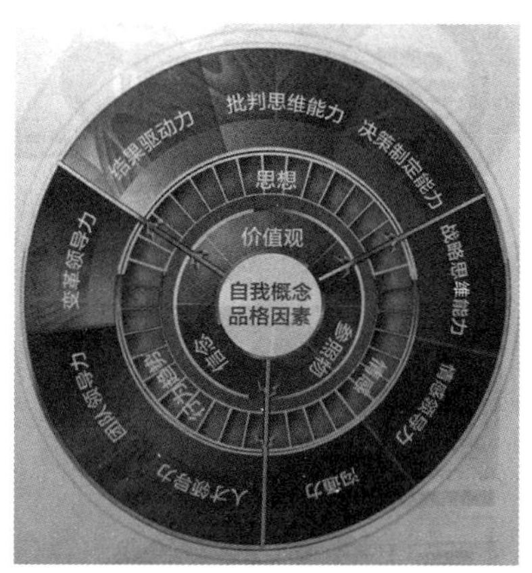

图 3-1 马托尼智慧领导力轮盘

三、领导者 3C 金字塔

领导者的能力（capability）、意愿（commitment）、连通性（connectedness）构成了打开并释放管理潜能的基础，以这三个要素为塔座，以个人成功、团队成功两个要素为塔身，以企业成功要素为塔尖，构成了领导者 3C 金字塔。

1. 塔尖——企业成功

在塔尖上，企业成功是唯一要素，这是领导者和企业公共追求的目标。

2. 塔身——个人成功、团队成功

在塔身上，有个人成功、团队成功两个要素，这也是双赢的追求。

3. 塔座——能力、意愿、连通性

在塔座上，有能力、意愿、连通性三个要素，这是领导者释放潜能、创建蓝图的三项法宝。

能力，解决“能做”的问题；意愿，解决“想做”的问题；连通性，解决“必做”的问题。

连通性包括两项内容：一个是自身的价值观和品格要素与促使自己成功的价值观与品格要素相匹配；另一个是自己的目标、理念和使命与企业保持在一个通道。

四、变革策略公式

变革和动荡是企业的一种生活方式。领导者要学会设计变革、管理变革、主导变革、掌控变革，运用变革策略。

变革策略公式：D×V×P>R=C

D：变革需求和欲望

V：变革愿景

P：变革计划和过程

R：变革阻力

C：希望发生的变革（是目标结果而不是细节，以此区分变革愿景）

五、领导力成熟路线图

结合九型人格特征，领导力成熟路线图可以获得自我了解的能力，识别自己的优势和发展需求，连接内部核心与外部核心的能力。

领导力成熟路线图，主要由三个部分组成：

1. 心灵领导者

心灵领导者以心为中心，以感情为驱动力，倾向成为助人者（2号）、成就者（3号）、艺术家（4号）。

2. 头脑领导者

头脑领导者以脑为中心，以思想为驱动力，倾向成为思想者（5号）、门徒（6号）、活动家（7号）。

3. 直觉领导者

直觉领导者以体（原作是腹）为中心，倾向成为驱动者（8号）、调停者（9号）、完美者（1号）。

学习和归纳核能领导力理论，笔者主要有三点感受：

感受一：万般皆下品，品格最高尚

领导者的品格是树之根基、水之源头。品格不能决定你现在的命运，但能决定你最终的命运。品格是无人在场时，你的所作所为。品格的低劣和缺陷，会导致非领导行为和无可争议的非法行为。

在企业用人标准上，特别是领导者的提拔和任用上，“德才兼备德为先，德有问题靠边站”的原则永不过时，而且愈发显示出前瞻远见和生命力。

感受二：智慧领导力轮盘转出了高潜力、新兴、卓越的领导者

智慧领导力轮盘，是约翰·马托尼长期授课、咨询、研发结果的心血之作，从领导者品质到领导者技能等要素进行了系统整合，形成了在新的条件下完整实用的核能领导力理论。

在管理实战中，可以根据轮盘要素不停地转动，淘汰品质缺陷和能力低下之人，识别和保留优质内核、超人外核的卓越人才，产生更多高潜力、新兴、卓越的领导者。

感受三：思维驻点与笔者不谋而合

作者为美国管理学家，但与笔者有着类此的工作经历和轨迹：讲授课程，咨询服务，自己做公司，研究并推广理论，等等。作者的理论运用图表、转盘等工具，与笔者多年研发和使用的管理模型工具非常吻合，思维驻点不谋而合。与此同时，更加坚定了自己的使命和责任——与国内同行一道，把自创管理模型的理念和工具，广泛运用到世界管理舞台，形成众多一流的中国管理模型翘楚。

第四节 领越领导力

领越领导力理论，由美国学者巴里·波斯纳（Barry Z.Posner）和詹姆斯·库泽斯（James M.Kouzes）提出，源自二人合著的《领导力》一书。

领越领导力是指领导者带领团队走向卓越的能力。笔者将其主要思想归纳为以下几个方面：

一、领越来自“最佳”

领越来自“最佳”。不管是名人还是普通人，研究在最佳状态下的行为表现，从其卓越的行为表现中找到成功模式。

二、领导力是一个过程

领导力并非是组织当中的一个职位，而是一个过程。无论公司大小，你的职位高低，你身处何方，能领导其他人开辟出一条新路的人，他们都经历了一条相似的路程。

三、卓越领导者的五个习惯

领导者每个人的事迹都很特别，但存在共同的行为模式。将共同的实践提炼出来就形成了五种共同的行为，即卓越领导者的五个习惯。

(1) 率先垂范。领导者的行为比语言更重要，要靠自己的行动赢得人们的尊重。

(2) 共启愿景。领导者需要激动人心的想象来预见未来，通过共享的抱负来谋取他人对共同愿景的支持。

(3) 挑战陈规。领导者要愿意挑战现有规矩，改变体制，得到新产品、新服务和新程序。领导者总是把团队带向新的领域。

(4) 使众人行。领导者所做的工作，就是使你的下属能够成为领导者，通过提升合作目标和创建信任来鼓励合作。

(5) 鼓舞人心。领导者要带领下属到达以前从未到达的地方，一定要给下属勇气，鼓舞他们，坚定地向这个目标前进。

四、领导力事关人人

领导力并非只是领导者和管理者的事情，它关乎企业全体人员，无论是在管理岗位还是基层岗位的员工，都与领导力有关，领导力事关人人。

五、掌握领导与管理的平衡

领导和变革有关，要率领你的团队达到未知的未来；管理和秩序有关，主要处理组织内部的复杂情况。好的管理者，必须要学会领导，但作为好的领导者，未必要掌握管理。

学习和汇集领越领导力的内容，笔者有两个最大的感受：

感受一：领导力过程和全员的理解

笔者专注于领导力是一门技能，在这个视角下，更加关注领导技能后天的培养；而领越领导力更关注过程，在过程中总结提炼出优质品质。

笔者专注于领导者，认为领导力是领导者的事情；而领越领导力专注全员，在企业每一个成员中体现领导力的身影。

对领导力过程和全员的理解，不仅是视角不同、观点不同，更重要的是验证了笔者在领导力理论探索中的想法，植入了“过程”和“全员”元素，为今后研究新的领导力类型提供了依据和信心。

感受二：使众人行，言简意赅

在卓越领导者的五个习惯中，“使众人行”是领导力的最高境界。从国家到企业、个人乃至任何群体，只要是有人群的地方，就有领导者。领导者的最终目的都是率领群体奋斗，获取群体想要的东西。

要做到这一点，需要领导者使出浑身解数，发挥众人智慧，激励或迫使众人前行。

第五节 灰度领导力

灰度领导力理论，由华为集团总裁任正非和中国人民大学教授彭剑锋提出。源自任正非的《灰度领导力》与彭剑锋的《做时代的企业，需要“灰度领导力”》两篇文章。

灰度领导力认为，领导者要按照黑色白色之间的灰色程度进行管理。笔者将其主要思想归纳为以下几个方面：

一、任正非的灰度领导力理论解读

1.灰度是领导者的水平

一个领导人重要的素质是方向、节奏。坚定不移的正确方向来自灰度、妥协与宽容。他的水平就是合适的灰度。

2.清晰方向是在混沌中产生的

一个清晰方向是在混沌中产生的，是从灰色中脱颖而出。方向是随时间与空间而变的，它常常又会变得不清晰，并不是非白即黑、非此即彼。

3.学会妥协

妥协的内涵和底蕴比它的字面含义丰富得多。明智的妥协是一种让步的艺术，妥协是一种美德。只有妥协，才能实现“双赢”和“多赢”，否则必然两败俱伤。掌握妥协这种高超的艺术，是领导者和管理者的必备素质。

4.学会宽容

企业中的工作，一个是跟物打交道，一个是跟人打交道。不宽容，不影响同物打交道，但直接影响同人打交道。所谓宽容，本质就是容忍人与人之间的差异。

宽容别人，其实就是宽容我们自己。宽容是一种坚强，而不是软弱。宽容的主动权要掌握在自己的手中，而不是迫不得已而为之。

5. 反对完美

过分追求完美，缺少灰度，会落入僵化的窠臼，造成工作被动。

二、彭剑锋的灰度领导力理论解读

1. 愿景领导力

在这样一个质变时代，要靠价值观来重塑企业的使命感，用共同的价值理念、共同的理想愿景来凝集组织的力量，此称之为愿景领导力。

2. 跨界思维与跨界领导力

在互联网时代，只要是基于客户价值就完全可以跨越产业边界、跨越企业边界去思考产品和服务的创新。领导者要成为多面手，能跨界进行整合和领导。

3. 竞合领导力

在这样一个混沌、多变的时代，对手可能瞬间变成朋友，朋友也有可能变成对手，领导者一定要有竞争合作意识。竞争合作不是否认竞争，先有竞争，后有合作，因为没有竞争能力就没有合作能力。

4. 跨部门和跨文化领导力

我国的企业目前面临一个很大的问题，就是高级管理人员管理自己的团队没有问题，但要进行跨部门合作，就谁也不服谁，这就是跨部门合作领导力不够。

联想集团高层会议文件全部是英文，还有适应合作和共事的外国人的思维方式和行为方式等。这些跨文化的举措要适应、要掌控，需要提高跨文化领导力。

5. 真实领导力

真实领导力指领导者掌控自我、自我要求、协调和驾驭外部复杂要素的一种能力。“真实领导”是国际管理学界正在讨论的新概念，它有四个维度：自我意识、信息平衡处理、内在道德观点和关系透明。

在新的管理环境下，真实领导意味着在驾驭复杂要素时既包容、妥协、平衡，又能总体掌控的一种能力素质。

学习和汇集灰度领导力内容，笔者有四点感受：

感受一：灰度是标准

灰度是办事标准。所谓办事漂亮，恰到好处，就是掌握好了灰度。

感受二：灰度的张力、魔力、魅力

灰度的张力体现在分析和处理问题时的空间和弹性，做到进退自如，游刃有余；灰度的魔力体现在能巧妙而省力地解决一些棘手和难缠的问题，做到四两拨千金，无为而自愈；灰度的魅力体现在虚怀若谷的胸怀和运筹帷幄的气势，做到同者仰慕，异者敬畏。

灰度领导力理论，对于提升领导品质、领导技能、领导绩效有很强的指导意义。

感受三：思维驻点与思维疆界

人们在思维活动中，思维的起点和经过的关键点，称为思维驻点（这是笔者在《管理模型与人生思索》一书第十三章中，给思维驻点下的定义）。思维驻点主要关注人们的思维轨迹和思维规律。

人们在思维活动中，思维的区域和界限，称为思维疆界，这是笔者目前给思维疆界下的定义。思维疆界主要关注思考范围和思维定势。

灰度领导力理论，利用广阔而模糊的灰度，让思维驻点更加清晰，让思维疆界更加辽阔。

将思维驻点和思维疆界有机融合在一起，形成“思维巨无霸”，有效地解决了领导者和管理者思维狭窄和目无边际的矛盾。

感受四：真实领导力，强大生命力

以往我们分析领导力，或从掌控团队、掌控环境等外部因素入手，或从提升品质、情商等内部单元进行，忽视了最重要的元素——掌握自我。这个自我，是真实的自我，整体的自我。

真实领导力把思维驻点从“阅览他人和自身单元”的思维疆界中收回到

"自我意识"起点，经过信息平衡处理、内在道德观点和关系透明，形成强大的驾驭内外复杂要素的能力。

真实领导力在新的历史条件下将会引起更多的关注，显示出强大的生命力。

第六节　模型领导力

模型领导力理论源自《管理模型与人生思索》一书，由笔者提出。

模型领导力是指，领导者设计和使用管理模型工具的能力。其主要思想有如下几个方面：

(1) 管理模型是模型领导力的基础工具。

模型领导力以管理模型为基础，管理模型是一种直观、深刻、专业、高效的管理工具。

(2) 任何一个实物（或四要素），都可以构成领导力模型和领导力理论（或行为）。

比如，看见鞭子，领导者会想到鞭打快牛（行为）；看见流水，领导者想到了柔性，经过深入思考后，构造建成柔性领导力模型，形成柔性领导力理论。

(3) 任何一个领导力行为，都可以找到与其对应的实物（或四要素），构成一定的领导力理论。

比如，三人决策最可靠（行为），考虑到三角形（稳定性最强的平面图形）关系最稳定；又如，领导者梳理一段时期的繁杂工作，分类绘制成图标曲线，经过持续跟踪和深入思索，诞生"领导要事规律曲线理论"，等等。

(4) 模型领导力让领导者如虎添翼，倍感自豪。

领导者掌握管理模型工具，在实战中如虎添翼，底气十足，开始热衷于建立简单的管理模型。

管理模型是一个专业性很强的工具集，需要系统学习，静心思考。系列内容（包括四要素）将在第四章（模型领导力）做详细介绍。

除上述六种领导力之外，还有其他一些领导力类型（共30个），简要列举如下。

从思维方向看，包括：移轨领导力、翻转领导力、横向领导力、奇正领导力、正向领导力、未来领导力、思维领导力等。

从人员职位看，包括：麦肯锡领导力、德鲁克领导力、希拉里领导力、中层领导力、总裁领导力、总统领导力、西游领导力等。

从工作内容看，包括：设计领导力、精进领导力、教练领导力、聚能领导力、创业领导力等。

从工作风格看，包括：强势领导力、柔性领导力、绿治领导力、变速领导力、美德领导力、正念领导力、彩色领导力、铁血领导力等。

从彰显环境看，包括：隐性领导力、逆境领导力、场域领导力等。

本章领导力类型（含后列30种）均有理论专著。众所周知，领导力类型远远超过上述内容，这里只是简要列举一部分。每一种类型的领导力，都站在不同视角、运用不同方式、阐述不同观点，并拥有核心亮点。我们要珍惜原创，吸取精髓，博取众长，为我所用，拓宽管理者思维，提升领导力技能，共同探讨和酝酿最适合自己的“真实领导力”。

第四章

模型领导力

CHAPTER4

模型领导力是指领导者设计和使用管理模型工具的能力。模型领导力理论以管理模型为基础工具，阐述和揭示领导力主题或内容。下面从管理模型、模型领导力两个方面分别进行阐述。

第一节 管理模型

管理模型是模型领导力的基础工具，学习模型领导力必须先了解管理模型。本节从管理模型的产生背景、定义内容、主要特征、模型分类、与比喻的区别、建立模型、说明事项、带来好处八个方面分别进行介绍。其中，定义内容、建立模型、带来好处三个单元是重点内容。

一、管理模型的产生背景

说到管理模型的产生背景，不得不提到三件事情：第一件事情是大学毕业论文，第二件事情是团市委工作报告，第三件事情是管理咨询项目。这三件事情，对笔者多年从事管理模型学习、研究、实践，产生了非常重要的影响。

1. 大学毕业论文

笔者是学企业管理专业的，在大学毕业论文选题期间，开始接触到行为科学知识，以马斯洛需求层次理论为代表，对此产生了浓厚的兴趣，于是将论文题目拟定为《运用行为科学，提高企业员工的积极性》。

20 世纪 80 年代，管理学的书籍和参考资料不多，有关行为科学方面的信息非常少见。笔者每天骑着自行车，从丰台区到东城区的图书馆查阅资料，为撰写论文积累了重要素材。

在论文撰写过程中，构思“行为科学”与“积极性”二者的逻辑关系，让笔者颇费脑筋，而二者关系恰是论文关键之处。经过多日反复思考，终于茅塞顿开，绘制成 TR 曲线图像。一条普通而神奇的曲线，直观形象地揭示了二者函数关系，获得优秀毕业论文。这是笔者最早的管理模型探索和实践。

从那一刻起，笔者感受到管理模型的神奇功能，也产生深深的眷恋；从那时候起，笔者发奋让“自创管理模型”引领世界管理工具潮流，而不是盲目推崇和尾随在国外各类“管理大师”后面，与业界有志者一道，为中国企业管理工具理论开辟出一片新的天地。虽然这是一个漫长的过程，甚至经过几代管理人的努力，但笔者愿终身奋斗，矢志不渝。

2. 团市委工作报告

笔者曾担任中央直属大型企业的团委书记。1992 年参加北京团市委工作会议时，一位团市委干部用“品”字管理模型解读工作报告，提纲挈领，画龙点睛，与笔者产生共振效应。

从那次会议起，笔者领悟到管理模型有着简明和广泛的实用性，欣赏那位团干部的管理模型天赋。要把中国的管理模型精英联合起来，共同推进管理模型的实际应用，让管理模型成为人们工作、学习、生活的得力帮手。

3. 管理咨询项目

笔者于 2005 年 3 月创办公司，从事管理咨询和培训业务。在给企业做管理咨询项目中，多次发生这样的情形：向企业领导者做项目汇报时，对方往往对厚厚的打印报告或众多的 PPT 文字不感兴趣，而是对笔者提出的实物模型（偶尔有图像和场景模型）非常欣赏。管理模型简明、直观地呈现了诊断问题和咨询主题脉络，一看即懂，一触即通。

然而，为什么这样好的工具，许多人不知道？为什么一些人知道了，不知道怎么制作？为什么一些人制作了，应用效果不好？

管理模型的认知远远落后于使用，管理模型的制作缺乏专业指导，管理模型的宣传很少有人关注，管理模型的未来充满广阔前景。

笔者 30 多年来，研究开发了百余个管理模型（日常生活使用除外），如埋点原理、TTSCT 模型等。管理模型把复杂、零散、深奥的管理现象变成直观、简单、实用的效果，给自己、给他人、给企业带来很多收获和乐趣。

二、什么是管理模型

所谓管理模型，是指用实物、图像（图表）、场景、固有理论来通俗地表达某个管理主题，体现内在规律性的一种工具模型（或理论）。

从以上定义可以看出，管理模型同时具备媒介元素、主题元素、规律元素三个重要元素，缺一不可。

1. 媒介元素

媒介元素必须是四种媒介当中的一个：或实物，或图像（图表），或场景，或固有理论。

(1) 实物：指在现实中，看得见、摸得着的真实物体，如石头、水桶、手机、汽车等。

(2) 图像：指图片、文字、影像、照片、图案、绘画等资料。

图表：指手工或系统绘制的表格、线段、坐标、几何形状等图形。

(3) 场景：指在某个时段的某种场面和情景，如下雪场景、足球比赛场景、草船借箭场景等。

(4) 固有理论：指将某类现象概括成某种理论。如在红军时期开辟多个根据地，概括成“武装割据”；将事情委托他人办理后，对方没有任何反馈等现象，概括为“塔玛拉现象”，等等。

2. 主体元素

主题元素必须表达某个管理主题（内容）。

管理主题是指跟管理相关的主要思想内容的高度概括。比如，管理人性化主题、领导者高效沟通主题、管理目标量化主题等。

3. 规律元素

规律元素必须体现内在规律性。

这是管理模型三要素中最难的一个要素，同时也是管理模型的真正魅力所在。因此，需要花大力气去观察、寻找、体现。

细心的读者会发现，除了以上三个要素之外，还有两个要素，一个是通俗，一个工具。相比之下，上述三个要素显得更为重要。是否同时具备三要素是衡量管理模型的标准。

下面我们来检验一下，玩具飞机是管理模型吗？

第一要素（媒介）：它是一种实物，符合。

第二要素（主题）：它没有体现管理主题，不符合。

第三要素（规律）：它没有体现内在规律性，不符合。

根据上述所讲内容，三要素中只要有一条不符合，就不是管理模型。

结论：这个玩具飞机不是管理模型。

接下来，我们对玩具飞机进行研究，发现用它可以表示领导力主题。那么，这时候的玩具飞机是管理模型吗？也不是。因为它满足了实物和管理主题两个要求，但没有体现内在规律性，所以还不是管理模型。

继续对玩具飞机进行研究，如果装上电池，配上遥控器，就有了掌控力（手柄控制飞机）和影响力（周围的建筑、风力大小等因素），即体现了一定的内在规律性。在此基础上，就可能形成“领导力掌控和影响实物模型”。

三、管理模型的主要特征

管理模型具有直观、深刻、专业、高效的明显特征。

（1）直观。模型呈现出来，一目了然，通俗易懂。

（2）深刻。揭示内在规律，入木三分，触类旁通。

（3）专业。需要具备一定的专业管理知识和管理经历，需要按照建立模型的专业程序进行。

（4）高效。管理模型建成后，直接开启“脑洞”，指导实践，发挥工具的高效能。

四、管理模型的种类

管理模型的分类方法主要有两种：

（1）按照不同媒介分类，可分为实物模型、图像（图表）模型、场景模型、固有理论模型。

(2)按照建模程序分类，可分为正向管理模型、反向管理模型。

管理模型的建立，从产生程序上分为两种：一种是正向模型，简称正模；一种是反向模型，简称反模。

正模，是指从实物等要素想到理论（或行为）。例如，我们看到了流水的场景，联想到与柔性相关的内容，继而深入研究，形成柔性领导力理论。

反模，是指根据理论（或行为）找到相应实物等要素模型。比如，我们根据领导力四要素，找到了直线和圆形，建立了领导力四力模型（垂直圆周式和中心圆周式）。

观察量子领导力理论可以发现，左哈尔通过对量子这个实物进行跟踪和深入研究，形成了量子领导力模型（理论也是模型的一种），这是正模。任正非和彭剑锋对管理研究和实战中的问题进行了深入思考，想到了灰色程度，建立了灰度领导力理论，这是反模。

五、管理模型与比喻的区别

许多人在开始学习管理模型知识的时候，都会问这样一个问题：管理模型和比喻是一回事吗？这个问题很重要，只有把二者关系搞明白才能真正了解管理模型的真谛，不偏离管理模型的初衷。

管理模型与比喻有相似之处，也有重要区别。

（一）管理模型与比喻的相似之处

管理模型与比喻有相似之处，表现在以下两个方面：

(1)二者都是直观、形象、通俗地阐明一件事情。

(2)二者都是借用实物、场景媒介来说明问题。

（二）管理模型与比喻的重要区别

管理模型与比喻的区别主要有以下几个方面：

(1)比喻相对单一、零散、肤浅，管理模型相对复杂、系统、深刻。

例如，比喻把水比作女人，管理模型则把水延伸到柔性领导力。

(2) 比喻采用实物、场景两种媒介，管理模型采用实物、场景、图像 (图表)、固有理论四种媒介。有无图像 (图表) 和固有理论，是区别二者的重要标志。

例如，比喻把石头 (实物) 比作男人的刚强；管理模型用图标象限分析刚强男人的几种特质和产生原因等，形成刚性男人特质理论。

(3) 比喻没有完整的建模过程，管理模型有完整的建模过程。

比喻没有完整的建模过程；管理模型是按照一个系统完整的过程建立起来的，依次经过辨模 (辨别模型方向)、选模 (选择模型种类)、建模 (搭建模型架构)、润模 (模型润色优化)、验模 (模型试验检验)、用模 (模型投入使用) 六个完整的环节，完成系列的建模过程。

(4) 比喻很少做工具使用，管理模型多数做工具使用。

比喻很少做工具使用，表明意思即可；管理模型多数作为工具使用，在模型建立完成后，阶段性或重复性使用。如“人力资源招聘甄选模型”建成后，多次用于公司招聘甄选。

(5) 比喻诞生的时间周期较短，管理模型诞生的时间周期较长。

比喻可以在短时间 (瞬间、几分钟、几个小时) 做出；管理模型需要在较长时间做出 (几周、几个月、几年甚至更长时间)。

(6) 比喻没有主题和名称；管理模型有主题，有名称。

例如，比喻把心情不平静比做水面涟漪；管理模型把心情不平静分成四个象限，命名为“心态坐标定律”。

六、怎样建立管理模型

管理模型的建立是一项系统、专业、严谨的工作。建立模型依次经过辨模 (辨别模型方向)、选模 (选择模型种类)、建模 (搭建模型架构)、润模 (模型润色优化)、验模 (模型试验检验)、用模 (模型投入使用) 六个完整环节。

第一环节：辨模

辨模，是指辨别模型的建模方向，即是正向建模还是反向建模。

模型的建模方向有两种：一是正向建模（正模），一是反向建模（反模）。

建立正模，就是看到实物等媒介想到了某类管理事情或管理主题。比如，看到风车，想到了销售模式借力加速问题；看到口罩，想到了保守商业机密问题或主题等。

建立反模，就是根据管理中的一些现象和问题，寻找相应的媒介建立起来的管理模型。比如，根据一些刁钻客户的情况反馈，建立雷达图模型；根据企业各部门之间互相推诿的情况，建立输液器模型等。

需要强调的是，建立正模比建立反模容易得多。所以，我们说的建模过程更多的是针对反模的。

辨别正模还是反模，这是建立模型的第一步骤。

第二环节：选模

选模，是指选择模型类型、选择媒介种类两种方式。选模是建立管理模型步骤中最关键的一环。

选择模型类型，是指选择专业模型还是自创模型。专业模型是指他人研发和应用、业界使用率较高的管理模型，如 KT 决策模型、OKR 模型、BSC 模型等；自创模型是指自己研发创造、供自己或他人使用的各类管理模型，如 PKT 模型、OKP 模型等。在完整的建模过程中，自创管理模型的内容更多一些。

选择媒介种类，是指选择实物、图像（图表）、场景、固有理论四种媒介中的哪一个。

选模中有一点要注意，不管选择哪一个，往往不是单一的，即可以选择专业模型与自创模型的组合，也可以选择实物、图像等媒介四要素的组合。这样，可以相互弥补，效果更明显。举例说明选模这个环节。

笔者在一所高校总裁班授课之前，对方提出将管理者的角色认知、执行力、绩效管理、团队建设、授权和反授权五个模块内容植入课程体系之中。

具备一定管理基础的人不难看出，这五个要素之间的逻辑关系比较混乱，有的相互平行，有的相互隶属，有的相对独立。如果不把这五个要素之间的逻辑关系和规律性讲明白，不但影响课程体系的整体效果，而且学员也不会有太深的印象和记忆。于是，想到了管理模型。

然后，用建立反模的方法，建立了这样一个模型：

模型名称:《放风筝场景模型》。

模型主题：体现管理者的角色认知、执行力、绩效管理、团队建设、授权和反授权五个要素之间的关系。

模型解读：运用放风筝的场景，体现五个要素的关联。

(1)放风筝的人——管理者的角色认知

管理者首先要清楚放风筝的人扮演的是什么角色。是风筝销售员，风筝爱好者，风筝比赛队员，还是风筝送信员？

(2)风筝线——执行力

没有风筝线，风筝不可能飞起来；没有执行力，一切都无从谈起。

(3)风筝体——团队建设

制作风筝的支架、辅件、风筝线、其他材料与风筝体联接的平衡等，犹如团队建设中的众多环节，不能出现缺失、偏差、质量问题。

(4)风筝轮——授权与反授权

风筝轮在放风筝过程中，不断放线、收线，收线、放线，如同管理者放权、收权一般，即授权和反授权。

(5)风筝高度——绩效管理

风筝飞得越高，效果越好。按照这个标准，进行各个环节的考核和优化。(在建立模型的过程中，笔者尝试过用天气状况和风力因素，表示绩效管理。)

此模型一经出台，获得学员的高度认可和赞誉。在学习中，将课程知识点牢牢植入风筝模型当中，并形象地指导日后的工作。

这是一个简单的选模过程。更重要的是，它让我们清晰地看到，管理模型具有直观性、形象性，并且是非常有效的实用模型。

第三环节：建模

所谓建模，是指搭建模型的架构（骨架和身躯）。通过建模，管理模型才会趋于成型，具备管理模型的雏形和样式。建模主要有四项内容：起名称，找抓手，立主干，填区域。

1. 起名称：结合管理主题，给所选的模型起个名称

一个管理模型的名称非常重要，每个管理模型都有自己的名称。给管理模型起名称时，有两个要素必不可少：一是管理的主题（或内容）；二是所选模型的类别（或内容）。

例如，结合“如何进行产品定位和开发”这个主题，在选模时选中了图像“米”字型，这个管理模型就可以起名为“产品定位和开发的米字图像”；结合“如何进行员工激励”这个主题，在选模时选中了充电器这个实物，这个管理模型就可以起名为“员工激励充电器模型”，等等。

2. 找抓手：找到牵动管理模型整体的要害部位

抓手，是指能牵动物体整体的要害部位。比如，门的抓手是门柄，壶的抓手是壶把儿。

一个管理模型整体上也有抓手，找到这个抓手，就能操作这个管理模型。否则，无处下手，只能“望模兴叹”。

例如，量子领导力（实物与固有理论模型）的抓手是原子与量子的对比；核能领导力（实物与图像模型）的抓手是领导者品格，等等。

3. 立主干：树立起支撑管理模型的主体架构

任何一个管理模型，既有抓手，又有主干，这个主干就是它的主体支撑架构。

例如，“领导力飞机模型”由飞机外部结构组成，主体架构就是机头、机身、机翼、机尾，而驾驶员、服务员、乘客不在主体架构之内。

“心态坐标定律模型”由两个坐标、四个象限组成。两个坐标是它的主体架构，四个象限是它的区域（下面内容会涉及）。

树立主体架构，管理模型就有了主干，有了骨架，开始具备一定的雏形。

4. 填区域：填补主干划分的区域内容

区域，是指按照主干划分的若干范围。在填写（填补）区域内容时，要动一些脑筋，想好区域的名称。

例如，在生活当中，一个黑人和一个白人结婚，生的孩子我们称为混血儿。这个黑人和白人是两个主干，二人结合所生的孩子可以理解为区域。给区域起名字时，特别是以前没有听说过“混血儿”这个概念时，就要好好想一想了。

管理模型也是如此。在“心态坐标定律模型”中，两个坐标（目标和方法）是它的主体架构。在第二象限（有目标、没方法）的区域应该称呼什么，这里用“蓝色心态”命名，填补了第二象限的区域内容。

填写完区域内容后，就完成了建模的基本过程。之后，要从头到尾（四个过程）重新梳理、修剪、调整、优化，形成一个有骨有肉的身躯。

第四环节：润模

润模，是指对管理模型的质量进行润色和优化。经过润模这一环节，管理模型更加完整、更加精美。润模主要按照建模的四个元素（名称、抓手、主干、区域）进行充实、修改、调整。

（1）名称。名称是否体现管理主题，是否体现所选模型类别；是否突出核心，是否提纲挈领；是否简明扼要，是否通俗易懂；能否换个名称，能否倒置命名（根据建模后内容再命名）；是否抓住人心，是否让人眼前一亮，等等。

（2）抓手。抓手是否有理论基础，是否有实践说服力；是否牵一发动全身，是否与普通元素同语；是否操作便利，是否安全保险；是否可以调换，是否可以放弃；与模型端口（模型进入和数据输入口）是否匹配，与建模初衷是否相符，等等。

(3) 主干。主干支撑是否坚固合理，是否留下合理区域范围；是否符合鱼骨图和价值树，是否突破传统思维模式；与抓手关联是否密切，与区域衔接是否合理；是否可以植入新的主干，是否可以修剪原有主干；是否考虑主干动态化，是否设想虚拟主干，等等。

(4) 区域。区域界定是否清晰，所辖范围是否合理；区域名称是否突出，是否更换区域内容；能否出现重合区域，能否出现空区域；区域层次能否递进，递进区域能否独立；是否故意设立猜想区（引发他人思考），是否留个C口（不完美的缺口），等等。

第五环节：验模

验模，是指对管理模型进行使用前的实验。验模是用模（使用模型）的重要保证，一些重要的、大型的（涉及人员和岗位多）的管理模型，必须经过实验。验模一般按照理解性、操作性、期望值、结论性四个步骤进行。

(1) 理解性。理解性是指该管理模型（正在实验的）的主要内容（用途、要领、功效以及注意事项等）是否容易理解。容易理解，该模型可以进行下一个步骤；不易理解，要找出原因，对症下药。

在实验中，可以进行必要的宣传讲解，可以配备必要的使用说明书，可以征求未来操作者（或参与者）的意见，可以采用各种方法（甚至对该模型重新设计），等等。其目的是让他人更容易理解该管理模型。

容易理解，才有后来；很难理解，自断出路。因此，理解性是实验第一步骤。管理模型的理解性，是管理模型的门户。

(2) 操作性。操作性是指该管理模型（正在实验的）操作功能如何。操作功能包括三个方面内容：第一，操作是否容易学会；第二，操作是否便利；第三，操作流程是否合理。

在实验中，可以先讲解、后操作，可以先操作、后讲解，可以边讲解、边操作；可以阶段性操作和总结，可以相互交流操作感受，等等。

容易学会，操作便利，流程合理，才能具有良好的操作功能。管理模型的操作性，是管理模型工具的命脉。

(3) 期望值。期望值是指通过实验达到模型主流效果。模型主流效果是指管理模型设计的初衷，是解决某个核心问题的最终结果。比如，“优秀员工漏斗模型”是通过层层过滤的方法，把企业中优秀员工甄别出来，这是模型的主流效果。但在某个单位 (或部门) 的实验中，该管理模型没有将真正的优秀员工甄别出来，而是把一些素质平平的员工过滤到优秀员工序列，就没有达到期望值。

做一件事情，如果距离预期目标很远，甚至严重偏离了预期方向，是坚决不能允许的。

因此，期望值是衡量管理模型优劣的权威尺度。通过这个尺度，在实验中可以及早发现问题，及早解决问题。如果该模型直接投入使用 (用模) 当中，岂不是贻笑大方，后果可想而知。

(4) 结论性。结论性是指对管理模型实验结果做出结论。管理模型的实验结论一般有五种情况：

第一种：完全颠覆，推倒重来，即该管理模型要重新选模，重新建模。

第二种：严重缺陷，重大调整，即不用选模，但要重新建模。

第三种：局部缺陷，局部调整，即不用重新建模，但要重新润模。

第四种：基本达标，部分优化，即部分润模后，可重新实验。

第五种：合格达标，投入使用，即实验合格，可以投入工作中使用。

按照以上五种不同的结论，管理模型设计者要对原有模型进行不同程度的调整。取得合格证 (第五种) 的管理模型，直接转入下一个环节 (用模)。

第六环节：用模

用模，是指将管理模型投入到使用中去。管理模型是一种工具，工具就是为了使用。用模是建立模型的最终环节，也是最重要的环节。用模按照宣传展示、数据入出、跟踪优化、分析报告四个步骤进行。

(1) 宣传展示。宣传展示是指对管理模型进行宣讲、传播、展出、发表。

模型设计者和使用单位要通过各种传播媒介（纸媒、网媒、信息媒等）和传播方式（口头、会议、活动等），对管理模型进行宣传，让模型操作者和更多人理解、支持管理模型。

要在不同的空间场合（宣传场地、工作场所、办公室内等）的醒目位置，展出（摆放、悬挂、陈列）管理模型，时刻提醒人们，铭记模型要领，以方便使用。

对于理论和实践有重大突破的管理模型，要撰写文章公开发表或举办业内高端研讨会，占领制高点，做好知识产权保护，让更多人关注、倾向、投身于管理模型。

（2）数据入出。数据入出是指在管理模型使用过程中，进行数据输入和输出的过程。一个管理模型，如果没有数据入出功能，就不能称为工具，就是失败的管理模型。

这里所称数据是数字、文字、信息的统称。数据分为关键数据、重要数据、一般数据、储备数据四类。按照管理模型所设端口，四类数据经过量化处理后，就可以进行数据输入。输入数据后，经过系统（模型）加工，输出结果数据。

例如，在“优秀员工漏斗模型”中，在第三个维度（共六个维度）有工作绩效、工作表现、工作风格、学习力四个方面内容，这四项内容就是数据。其中，工作绩效是关键数据，工作表现是重要数据，工作风格是一般数据，学习力是储备数据。这四个数据经过量化处理后（如工作表现量化为出勤率、完成率等），分别从关键端口、重要端口、一般端口、储备端口输入模型体内。上述输入的数据，经过模型内部设定的线性函数、权重比例、分数衡量，就可以在输出端看到优秀员工的特质元素（特别是隐性元素），以此来甄别企业的每一个员工。

（3）跟踪优化。跟踪优化是指对数据输出和输入结果、模型整体使用状况多次跟踪后进行优化调整。

跟踪优化主要关注三个问题：第一，数据输入端拥挤度容量和定位精准度。容量太小，影响效率；定位失准，输入无效。第二，数据输出端的科学性和适用性。科学性，主要在前面设计阶段完成，在这里进行二次检验（验模是第一次）；适用性，重点看二次输入（具体样本、某某人）效果。第三，模型整体使用状况如何，如模型使用时机、操作便利与否、样本准确度、期望值偏差、领导关注度、调整时间成本、模型价值衡量等。

在进行多次跟踪后，对模型进行优化调整。在前面验模（第五环节）中，已经提出了五种结论。五种结论中的调整思路，同样适用于本环节（第六环节）。当然，从模型优化的本意和时间成本来看，还是调整幅度小一些更好。

(4) 分析报告。分析报告是指对模型使用情况和效果进行书面分析。分析报告的主要作用，是提炼管理模型的亮点（新颖的观点、措施、建议等），给领导者当好专业参谋，为领导者决策提供重要依据。

通常，分析报告的写作要素为：名称（分析报告名称）、摘要（分析报告要点提炼）、问题（目前企业存在的问题）、解题（该管理模型的主要思想和要解决的问题）、结论（该管理模型试验和使用得出的结论）、建议（下一步工作建议）、说明（需要说明的事项）、人名（报告人或单位）。

七、管理模型几项补充说明

(一) 自创管理模型和非自创管理模型

笔者通常说的管理模型是自创（自己研发）管理模型。管理模型还包括非自创（他人研发）管理模型。心态坐标定律、产品米字战略、优秀员工漏斗模型等属于自创管理模型；BSC、海氏工作评价、KPI、OKR 等属于非自创管理模型。

在管理模型使用中，自创管理模型和非自创管理模型可以单独使用，也可以组合使用。

(二) 两种来源的知识产权保护

管理模型的来源有自己研发、与他人联合研发两种。由于管理模型的研发周期长、内容含金量高，要做好知识产权保护工作。知识产权又划分为个人知识产权与单位知识产权、独立知识产权与联合知识产权等。

(三) 雅努斯思维和检核表法

在管理模型的建立过程 (特别是选模) 中，思维方式非常重要。在吸取各种思维精华和头脑风暴的基础上，这里重点推荐“雅努斯 (双面神) 思维”和“检核表法”两种思维方式。

雅努斯思维，是从正反两个方向进行思维，两种思维路线同时存在于大脑里。这种思维方式对于颠覆思维习惯和思维惰性非常有用，可以更客观地定位事物和产生灵感，捕捉在管理模型建立过程中的创意，纠正不足。雅努斯思维亦可以扩容使用 (盯着过去，朝着未来)，穿越管理模型的时空隧道 (有专项课程，这里不再深述)。

检核表法又称奥斯本检核表法，是按照固定表格要素对某一个问题逐个进行检查的方法，避免遗漏并产生创意。笔者习惯按照其中九个要素进行思维，即能否他用、借用、改变、扩大、缩小、替代、调整、颠倒、组合。在摆轮原理、职业规划助推器、劳资平衡反向力、塔玛拉哲学理论等管理模型开发中 (见笔者《管理模型与人生思索》一书)，多次运用检核表法，受益颇多。

雅努斯思维主要解决宏观问题，检核表法主要解决微观问题；雅努斯思维主要解决思维方向和思维极限问题，检核表法主要解决思维聚焦和张力问题。二者各有特色，可联合运用。

(四) 管理模型的三个能级

管理模型能级，是指建立和使用管理模型的难易程度。按照管理模型的用途性质、专业深度、工作周期和内容要求，分为 AX 级、BX 级、CX 级三个能级。

1. AX 级管理模型

AX 级管理模型，是在工作中使用、专业深度高级、开发和使用周期长、有周密内容要求的管理模型。AX 级管理模型严格按照辨模、选模、建模、润模、验模、用模六个完整环节进行。TTSCT 模型、职业规划助推器、产品定位和开发米字图像等，均是 AX 级管理模型。

2.BX 级管理模型

BX 级管理模型，是指在工作和生活中使用、专业深度中等、开发和使用周期适中、有一般内容要求的管理模型。BX 级管理模型一般按照辨模、选模、建模、润模、验模、用模六个环节进行，但可根据实际情况，省略验模、用模中部分环节。劳资平衡反向力、领导力飞机模型、优秀员工漏斗模型等，均是 BX 级管理模型。

3.CX 级管理模型

CX 级管理模型，是指在工作和生活中使用、专业深度初级、开发和使用周期短、没有内容要求的管理模型。CX 级管理模型可参照辨模、选模、建模、润摸、验模、用模六个环节内容进行大量删减，甚至只保留辨模、选模、建模中的核心内容即可。招聘面试三色镜模型、恋爱场力图像、交友十字模型等，均是 CX 级管理模型。

CX 级管理模型又称普通管理模型，由于设计和操作简便，利于工作和生活，深受广大管理模型爱好者青睐。

八、建立管理模型给我们带来哪些好处

建立管理模型能给我们带来四个方面的好处。

1. 学会制造工具，便于工作使用

面对瞬息万变的外部环境和市场需求，企业一方面要以“迅速适应变化做出调整”的领导者掌门，一方面要有“以不便应万变”的管理工具。管理工具最大的特点是解决所需，提高效能。

管理模型作为一种专业、实用的管理工具，它的理念和作用已经被部分企业所接受，并实现了业绩增长和管理专业化、规范化。

企业领导者、管理者、企业员工学会自己制造管理工具，在企业内部和工作岗位上进行使用，将原来烦琐、复杂的事项进行简化，能大幅度增加团

队和个人绩效，提高工作效率。

2. 激发个人潜能，展示自我成就

建立模型是一种学习过程，更是一个挑战的过程。在建立管理模型的过程中，对建模者的知识、思维、能力、毅力是一种挑战，能唤起和激发个人潜能，提升自己的专业关注度和综合素质。

建立模型的每一个环节、遇到的每一个瓶颈问题，犹如一个个科研课题，当绞尽脑汁无结果、打开“脑洞”出灵感的瞬间，成就快感是不可名状的。

管理模型在工作中发挥了重要效能，对于建模者是莫大的鼓励；管理模型在媒体上发表并产生了一定的影响力，对于建模者是无声的鞭策；管理模型帮助了周边人群，人们投以感激的目光，是管理模型建立的意义所在。

3. 培养自身建模，节约咨询费用

一些企业在经营管理中遇到问题，会想到专业咨询公司。借用其行业和专业优势，解决企业实战中的具体问题。

在现实中，企业往往面临进退两难的选择。请咨询公司吧，费用太高，可能企业承担不起；不请咨询公司吧，企业现有人员专业水平有限，不足以解决实际问题。另外，也有一些企业花重金请著名咨询公司，却远未达到初衷的案例。

针对以上企业的痛点，培养自身建模者（企业内部员工）是一项经济、实惠的选择，企业可以进行尝试。

国内某建设集团是行业最大的上市公司、世界500强企业、全球排名第一的投资建设集团。在集团高速发展过程中，集团总部遇到了一些管理问题，需要尽快解决。

该集团领导者和人力资源负责人高瞻远瞩，讲求实际，看到了管理模型的未来趋势和特殊价值，邀请笔者和团队对企业进行管理诊断、咨询、授课。在调研（问卷和访谈）之后，按照岗位胜任与工资管控、投资项目管控、财务扭亏增盈、科学生产运营、企业文化评价五项要求，分别建立了五个管理模型（专业模型和自创模型结合），模型的建立对集团总部和下属公司具有重要的指导意义。

在此基础上，笔者专门对集团总部管理人员进行“科学管理建模”授课。学习九种专用模型工具（KT决策、零基预算法、盖洛普Q12、责任矩阵等），学习四种自创模型工具（PKT考核、TTSCT模型等），学习结合工作实际建立管理模型，学习建立管理模型的步骤和技巧，等等。经过10余个小时的学习、消化、吸收，在主讲老师和辅助老师（学员中选出）的指导帮助下，每个学员均能结合工作实际建立一个简单的管理模型，建模合格率为100%，为企业培养和输送了一批“咨询顾问”。这些“咨询顾问”将在企业工作岗位上长期发挥专业作用。

企业培养内部的建模者，使其扮演“咨询顾问”的角色，有两个明显优势：第一，每个岗位的员工最了解自己的岗位，建立的管理模型最贴合实际；第二，不须另请外部咨询公司，节约了咨询费用。

4. 思维应用实际，增加人生乐趣

思维是指管理模型思维，管理模型思维包括两层含义：第一，指在建立管理模型过程中的各个思维驻点（思维起点和经过的关键点）；第二，用管理模型意识（图像意识、实物意识等）去观察、分析，解读社会、工作、生活、人生中的一些事项。

将管理模型思维（特别是管理模型意识）应用到实际当中，触类旁通、举一反三，抓住要领，从而开阔胸襟，为人生增添乐趣。

（1）强大的观察、分析、解读能力。

管理模型思维是一种固有的特殊思维方式，它能观察到事物的本质，分析事物的关联，解读事物的逻辑要领。

笔者在一个企业中，听到一个总裁秘书抱怨：每次会议纪要特别难写，总裁讲话总是东一句、西一句，没有重点，没有逻辑。笔者跟她做了一些沟通后（特别是如何找到总裁讲话的核心之处），建议使用管理模型（树型、圆形、哑铃型等），收到了比较好的效果。

面对一些社会现象，如人与人之间的信任危机，见义勇为的行为非常罕见，走个流程等到白头，托人办事一直没有回信，发言时隐藏的可怕动机，等等，用管理模型思维就会找到答案。

当你遇到第四种现象（托人办事一直没有回信），这时想到塔玛拉雷达的静默，遇到第五种现象（发言时隐藏的可怕动机）想到隐形枝叶，就会见怪不怪，从容面对，心境由此改变，认知充满正念。

(2) 生活中的使用效能明显。

管理模型和管理模型思维在生活上可以广泛使用，而且效果比较明显。

在高考填报志愿的时候，可以使用急诊博弈模型；在日常交友中，可以使用米字交友模型；在家庭成员发生矛盾的时候，可以使用水车实物模型；在失败或丢失重要物品时，可以使用翘板场景模型，等等。这些模型对于解决你所关注的问题、调整你的心态有很大帮助，而且有些效果非常明显。

需要说明的是，生活中许多管理模型可以自创。要形成习惯，为自己制作生活工具。

(3) 规划人生和梦想。

人生没有规划，行如醉鬼游街；人生没有梦想，身似行尸走肉。

管理模型是一种工具，更是一种桥梁。将管理模型与整个人生结合起来，才能到达一种意境，实现人生最大价值。

人生助推器轨道模型、雅努思时空穿越模型等，如同备忘录，提醒人们在人生方向上做重要的事情。

(4) 模型无处不在，乐趣随即而生。

管理模型在日常生活中随时可以体现出来。随意看到任何一个实物、图像、场景，都可以联想到某种元素（正模）；随意见到一些元素，都可以构成一定实物、图像、场景、固有理论模型（反模）。在观察事物和构建模型中产生种种乐趣，给生活增添缤纷的色彩。

例如，看到一面玻璃，会想到猴子想吃另一个房间的食物，不断撞击玻璃的可笑情景。经过深入思索，构成“人际关系镜像效应模型”（正模）；看到招摇的女性，会想到一些有趣的场景，经过深入思考，构成“女人容貌和财产四象限模型”(反模)。在洞悉各种现象实质关联的同时，为工作和生活带来欢笑和乐趣。

第二节　模型领导力

管理模型用来表达领导力这个主题，就是领导力模型；领导者运用领导力模型进行领导的能力，称为模型领导力。

领导力模型有许多种类，笔者挑选其中四种模型(自己在实战中运用较多，有一定代表性)，与大家共同分享。

这四种模型分别是 KT 决策模型、海式评价模型、埋点技能模型、决策 532 模型。其中，KT 决策模型、海式评价模型属于专业管理模型；埋点技能模型、决策 532 模型属于自创管理模型。

一、KT 决策模型

KT 决策模型是最负盛名的决策模型，又称 KT 决策法，是一种结构化的、用于决策的系统思考方法。它来源于美国兰德公司的查尔斯 · H · 凯普纳 (Charles H.Kepner) 和本杰明 · 特雷高 (Benjamin B.Tregoe)。KT 是凯普纳和特雷高两个英文字的字头。

KT 决策模型的主要内容，笔者简要概括如下：

按照决策事项的性质，分为事件性(已经发生)决策和计划性(未发生)决策两种方法。

(一) 事件性决策

事件性决策，是针对已经发生的事件做出决策。主要包括以下四个步骤：

(1) 明确问题 (SA)，即情况分析。遇到了什么问题，要决策什么。

(2) 分析原因 (PA)，即问题分析。为什么会造成这种情况，原因是什么，找出主要原因。

(3) 决策评估（DA），即决策分析。对问题排定优先顺序，提出最好的解决方案。

(4) 将来风险（PPA），即潜在问题分析。将来会发生什么，有哪些潜在风险。

根据以上步骤分析，得出结论，采取行动，达到最终结果。

现对照上述步骤，举例说明。

(1) 明确问题（SA）。某企业由于业务变化和节约成本的需要，准备从市区搬至郊区办公。消息传出后，在公司引起很大反响，各种小道消息也不断传播，有30%的员工提出辞职。作为公司的领导，应该怎样面对和处理?

(2) 分析原因（PA）。经过了解，造成辞职的原因是交通不便、家人反对、借机离职（原来即打算离职，现认为机会来了，可以索要补偿费）、异议骚动（听信谣言，心情不安）、哄抬身价（借机要挟企业，提高薪资水平）等。

经过深入分析和归纳，造成员工离职的主要原因有三个：第一是交通不便（家人反对与交通不便有关），第二是谣言惑众（异议骚动等跟谣言有关），第三是借机离职（自抬身价与此有一定关系）。

(3) 决策评估（DA）。先将上述三个主要原因进行排序：谣言惑众问题有扩大和恶化效应，要优先进行处理；交通不便问题是重要问题，要尽快给出政策；借机离职涉及人数不多，除关键员工（公司核心员工、关键岗位员工、公司骨干员工）外，其他员工问题可以适当往后放一放。

排定顺序后，针对上述三个问题制定最好的解决方案。

第一，开会避谣。对于谣言问题，集中开会进行避谣，发布正式消息；同时把公司资源优势和愿景告诉员工，鼓舞员工士气，稳定人心。

第二，制定交通优惠政策。对于交通问题，马上制定和出台优惠政策，包括大幅度提高交通数额、设立交通班车、安排员工住宿、调整工作时间等，解除员工后顾之忧。

第三，分清关键员工和一般员工。对于借机离职问题，先找关键员工谈话，表明公司挽留态度，由员工自己做出选择。对于一般员工就顺其自然，不必花费太多精力。

(4) 将来风险（PPA）。在制定解决方案（措施）后，针对解决方案（措施）进行将来的风险预测。

第一，开会避谣。没有风险，无后遗症。

第二，制定交通优惠政策。有成本增加风险，有配套（车辆、宿舍等）是否顺利的风险。

第三，分清关键员工和一般员工。仍有关键员工流失风险。

在完成上述步骤后，做出决策结论：三箭齐发，优先开会，尽快出台可行的交通优惠政策，稳定关键员工。三项工作按序进行，条件许可时可以同时进行。

（二）计划性决策

计划性决策，是针对将要发生的事情做出选择的决策。主要包括以下七个步骤：

(1) 制定决策声明。准备一份含有行动方案和行动结果的决策声明。想清楚为什么要做决策，如何来做决策，决策解决什么问题，等等。

(2) 确认决策目标。区分哪些是“必要目标”（必须要完成的目标），哪些是“理想目标”（最好能够完成，但不是最主要的目标）。

(3) 制定备选方案。根据决策目标要求，制定出几种不同的备选方案。

(4) 备选方案打分。按照客观、重要的原则，对各备选方案进行打分（1~10分）。

(5) 找出分数高值。计算各选择方案的加权分值之后，找出分值最高的前两项（或前三项）选择方案。

(6) 评估负面影响。识别所选高分值方案的负面影响，并对发生的可能性和严重性（高、中、低）进行评估。如果风险过高，则放弃此项选择，考虑下一个得分最高的备选方案。

(7) 做出唯一选择。根据以上评估结果，从几项高分值选择方案中做出最终唯一选择。

现对照上述步骤，举例说明。

问题：即将毕业的大学本科（法学专业）学生，究竟该不该考研？

（1）制定决策声明。决策的方向是“是否考研”。

（2）确认决策目标。每个人考研有着不同的目的。例如，立志做学问和必须通过考研才能就业的人（高校教师），考研是“必要目标”，而想找个好工作或者获得高的社会地位只是“理想目标”。另一方面，有人将理想工作（待遇高，社会地位高）作为“必要目标”，而将考研作为“理想目标”（达到目标手段）。

（3）制定备选方案。根据个人“必要目标”和“理想目标”不同，制定不同的备选方案。现以某学生将考研作为找到一份好工作（工资较高且所学专业有较高相关度）的手段为例，即把“找到好工作”作为必要目标，分别制定六种不同的选择方案。

方案一：先考研。读研期间通过司法考试，拿到律师执业资格证。毕业后做律师，或者通过公务员考试从事法官、检察官等司法类工作。

方案二：先考研。读研期间通过教师资格考试，拿到教师执业资格证。毕业后做法学老师，然后通过司法考试。

方案三：先考研。读研期间通过口译考试，拿到（初级或高级）口译证。毕业后到外企做法律顾问，之后通过司法考试。

方案四：先考研。读研期间通过司法考试，拿到律师执业资格证；通过教师资格考试，拿到教师执业资格证；通过口译考试，拿到口译证。或者拿到其中任何两个证。毕业后可以做律师、教师或者到外企做法律顾问；或者通过公务员考试从事法官、检察官等司法类工作。

方案五：不考研。先找一份其他工作，工作期间通过司法考试，然后转行做司法类工作。

方案六：不考研。不找工作，专攻司法考试。拿到律师资格证后，从事司法类工作。①

(4) 备选方案打分。笔者汇集上述六个备选方案列在一张表格上，按照时间成本（所需时间多少）、成功概率（考生能否坚持）、目标距离（能否通过考试或找到工作）三个要素，从低到高（1~10 分）打分，如表 4–1 所示。

表 4–1　KT 决策打分表

序	路径规划通道（概要）	时间成本	成功概率	目标距离	合计
一	考研 – 律师证 – 律师或公考	8	7	8	23
二	考研 – 教师证 – 教师 – 司法考	6	8	6	20
三	考研 – 口译证 – 外法 – 司法考	5	6	8	19
四	考研 – 三证或二证 – 律师、教师、外法或公考	8	4	10	22
五	不考研 – 找工作 – 司法考 – 转司法	10	6	8	24
六	不考研找工作 – 律师证 – 司法	4	8	8	20
注	工资高和相关专业工作	收入	通过	远近	选择

(5) 找出分数高值。根据上表可以看出，第五方案（24 分）、第一方案（23 分）分别排在高分值前二名。

(6) 评估负面影响。若该学生觉得，先找一份工作的难度比考司法考试更大，就可能排除第五方案，转而考虑第一方案。

(7) 做出唯一选择。该学生决定尝试第一方案。

（三）补充说明

关于 KT 决策模型，有以下两点补充与说明：

(1) 事件性决策和计划性决策的操作步骤不是绝对的，可以相互借鉴使用，即事件性决策可以借鉴计划性决策的操作步骤，计划性决策可以借鉴事件性决策的操作步骤。

① 张美艳，黄小灵．将 KT 决策法运用于考研决策的可行性分析［J］．消费导刊，2009，（6）．

(2) 由于KT决策模型能够有效地限制误导决策的各项故意或无意的偏见，因此在人际关系处理中备受青睐，在领导力模型中具有特殊地位。

二、海式评价模型

海式评价模型，源自海氏（Hay）工作评价系统，由美国工资设计专家艾德华·海（Edward Hay）研发提出。它有效地解决了不同部门的不同职务之间相对价值的相互比较和量化的难题。

一般来讲，海式评价模型列入人力资源体系和范畴。笔者将其列入领导力模型，主要基于三个方面的考虑：第一，领导者需要掌控一些重要岗位及各个部门（岗位）人员的贡献大小，这个贡献大小是能进行量化和横向比较的；第二，领导者需要具备一定的职务技能水平、解决问题能力、承担风险责任，而这些恰是海式评价模型所要求的三个要素；第三，海式评价模型中的环境因素、问题难度、管理诀窍等理念和技能，对提升领导者管理水平有指导意义。

笔者将海式工作评价的主要内容归纳如下：

（一）海式工作评价三大要素

海氏工作评价是一种评分法，按照三大因素，即技能水平、解决问题的能力和风险责任，设计了三套标尺性评价量表，将所得分值加以综合，计算出各个工作职位的相对价值。

(1) 技能水平。技能水平是指专项业务知识及其相应的实际操作技能。具体包含三个层面：有关科学知识、专项技术及操作方法，有关计划、组织、执行、控制及评价等管理诀窍，有关激励、沟通、协调、培养等人际关系技巧。

(2) 解决问题的能力。解决问题的能力是技能水平的具体运用，与工作职位要求承担者对环境的应变力（环境因素）和要处理问题的复杂度（问题难度）有关。

环境因素，按环境对工作职位承担者的紧松程度或应变能力，依次分为高度常规性的、常规性的、半常规性的、标准化的、明确规定的、广泛规定的、一般规定的和抽象规定的八个等级。

问题难度，按解决问题所需创造性依次分为重复性的、模式化的、中间型的、适应性的和无先例的五个等级。

(3) 风险责任。风险责任是指工作职位承担者的行动自由度、行为后果影响及职位责任大小。

行动自由度是工作职位受指导和控制的程度，行为后果影响分为后勤性和咨询性间接辅助作用，风险责任分为微小、少量、中级和大量四个等级。

（二）海式工作评价图

海式工作评价依据技能水平、解决问题的能力、风险责任三者的重要程度，将工作评价分为三种类型：上山型、平路型、下山型。如图 4-1 所示。

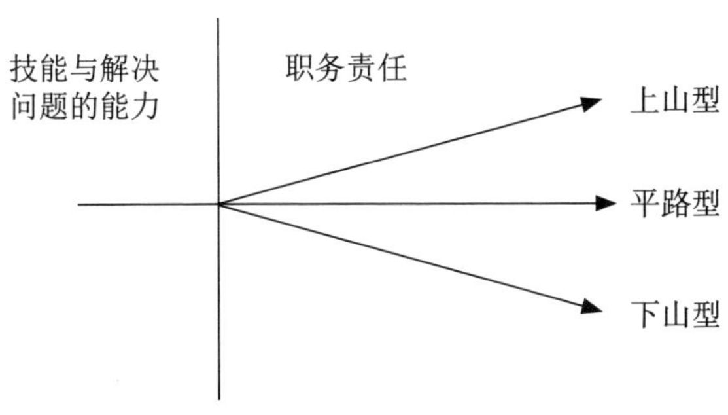

图 4-1　海式工作评价图

(1) 上山型。职务责任比技能与解决问题的能力重要。如公司总裁、销售经理、生产经理等。

(2) 平路型。技能和解决问题的能力与责任并重。如财务、人力资源等职能干部。

(3) 下山型。职务的责任不及技能与解决问题的能力重要。如科研开发、市场等。

一般来讲，上山型的权重比例分配为4∶6（技能与解决问题的能力为4，职务责任为6）；平路型权重比例分配为5∶5（技能与解决问题的能力为5，职务责任为5）；下山型权重比例分配为7∶3（技能与解决问题的能力为7，职务责任为3）。

（三）海式工作评价操作案例

现以销售部经理、人力资源部经理、产品研发部经理为例，了解海式工作评价操作步骤。其操作共分为三个步骤。

1. 对照表格，获取数值

(1) 按照“海式工作评价技能指导表”对应数值，分别找到下列数据：销售部经理608，人力资源部经理528，产品研发部经理460。

(2) 按照“海式工作评价解决问题能力指导表”对应数值，分别找到下列数据：销售部经理66%，人力资源部经理50%，产品研发部经理33%。

(3) 按照“海式工作评价职务责任指导表”对应数值，分别找到下列数据：销售部经理528，人力资源部经理400，产品研发部经理100。

2. 乘以权重，计算总分

(1) 销售部经理属于上山型职务，权重比例为4∶6（技能与解决问题的能力为4，职务责任为6）。总分为：608×（1+66%）×40%+528×60%=720.51

(2) 人力资源部经理属于平路型职务，权重比例为5∶5(技能与解决问题的能力为5，职务责任为5）。总分为：528×（1+50%）×50%+400×50%=596

(3) 产品研发部经理属于下山型职务，权重比例为7∶3(技能与解决问题的能力为7，职务责任为3）。总分为：460×（1+33%）×70%+100×30%=458.26

3. 横向比较，给出结论

按照上述总分结果，销售部经理（720.51分）列首位，人力资源部经理列次席，产品研发部经理列第三位，于是形成这样的结论：在这个企业中，销售部经理是第一位的（销售部经理岗位的相对价值最高），目前工作主要职责是以产品销售为中心，其他两个部门（人力、研发）为其提供必要保障。企业产品只有销售出去，才能产生现金流，才能经营下去。

（四）补充说明

关于海式评价模型，有以下三点补充说明：

(1) 海式工作评价是一套完整的专业评价系统，这里只是介绍部分内容。海式工作评价随着时间发展和环境变化，还需要进行优化，以符合时代发展潮流。

(2) 每个企业都有自己的实际情况，在职务设定上是不同的。笔者在操作案例取值和分析结论中，可能会有一些误差，主要是引导读者深入了解海式工作评价计算过程。

(3) 读者在学习海式评价模型时，重点领悟其主要思路（量化不同职务之间的比较）和海式工作评价图（上山型、下山型、平路型），运用到领导力当中去（领导技能、领导解决问题能力、领导责任等）。其他方面内容，作为一般了解即可。

三、埋点技能模型

埋点技能模型（简称埋点模型）在领导力中广泛使用，是一种提纲挈领、以点带面、巧破千金的高超领导技能。埋点模型源自笔者所著《管理模型与人生思索》一书。

埋点模型是自创管理模型，笔者受2011年父亲患病治疗方案（埋点植入法）启发，将这种选准“点位”、以点带面的方式，命名为埋点原理，或称埋点理论。埋点模型的主要内容如下。

（一）原理定义和适用范围

埋点原理是指在某个目标区域范围内（如前列腺、桥梁骨架等）埋设若干“点引”（如药物源、爆破源等），通过“点引”的放射、爆破、聚合等功能作用，实现对整个目标（癌细胞、桥梁建筑等）的摧毁或重大改变。

埋点原理是一种既古老又现代的特殊技能，广泛适用于军事、外交、经济、医疗、管理、生活等多种领域。在企业管理实战中，领导者运筹帷幄，聚焦某一点（牵一发而动全身），能拨云见日、赢得主动，解决众多疑难问题。

（二）点引

点引是埋点模型中的核心要素，是埋点模型区别于其他模型的唯一标志。

1. 什么是点引

点引是点位和引料的统称。

点位就是点的位置（区域），即在什么地方、什么区域。如肝脏、会议中心三层承重墙等。

引料就是埋入的材料，即采用何种材料，如炸药、药物源等。

2. 点引的种类、功能、剂量

点引可分为两种：材料点引和区域点引。

(1) 材料点引。材料点引又可划分为单一材料点引和复合材料点引两种。单一材料点引由一种材料元素构成，例如通过设立职务津贴调动部门主管人员积极性等。复合材料点引由多种材料元素复合而成，例如通过多种中草药合成，治疗某种顽症等。

(2) 区域点引。区域点引是指找准目标的关键结构位置（区域）。例如炸毁桥梁的结构关键部位、治疗某种疾病的位置等。

一般而言，事先布置某项工作时，经常使用区域点引；事后解决某个问题时，经常使用材料点引。

点引的功能主要有两个：一是整体破坏作用，二是重大改变作用。

(1) 整体破坏。对建筑结构、人体组织、机构组织等进行整体性破坏和毁灭。

(2) 重大改变。对组织系统、重大事项、疑难问题等进行方向性和效果性重大改变。

点引剂量是点引能量（威力）大小的重要参数，包括区域点数量和材料点浓度两项内容。

(1) 区域点数量，指在目标区域内埋设点数量。数量越多，能量（威力）越大。

(2) 材料点浓度，指“点引”构成材料的浓度比例。浓度越大，能量（威力）越大。

（三）埋点模型的操作关键

选好点位，用好引料，是埋点模型操作的关键环节。

1. 选好点位

埋点的位置直接决定了埋点的效果。点位选择要按照关键、精准、少量的原则进行。

(1) 关键。选择要害、命门等关键部位。例如建筑体的承重墙、人体的呼吸通道、企业的资金来源等。

(2) 精准。在选择关键位置的基础上，进行精准定位。例如建筑体承重墙中的主厅承重柱的1/3位置等。

(3) 少量。埋点数量不能太多，要选择少量关键部位，发挥“四两拨千金”的作用。

2. 用好引料

选好埋点位置之后，使用何种材料作为引料成为重中之重。用好引料要按照能效、优质、适量的原则进行。

(1) 能效。根据需要的不同功能和效果进行选择，如爆破建筑物选择某种炸药 x 公斤等。

(2) 优质。既然作为引料，在材料质量和性能上一定要过硬，否则会前功尽弃，功亏一篑。最好选择先进的优质材料。在一些战争题材影视作品中，我军指派既忠诚于党、智勇双全，又有先进军事理念、掌握先进军事技术的优秀人才潜入敌营当中，出色完成任务，是很好的“优质引料”事例。

(3) 适量。适量的目的不是节约成本，而是不能造成目标以外的组织损坏。例如超过一定浓度和剂量的药物会破坏人体健康组织等。

（四）埋点模型的操作流程和案例

埋点原理在实际操作中，按照目标的不同性质分为事先布置类和事后解决类两种方式。

1. 事先布置类

事先布置类是指需要事先进行计划、安排的事情。如某企业进行上市准备，高校毕业生小李（男）设计自己的职业生涯规划，等等。

以小李设计职业生涯规划为例，说明操作流程的六个具体步骤。

(1) 确定方向。确定做某件事情的方向目标。

本例中，小李进行职业规划设计的目的，是确定清晰的未来职业发展方向，目标比较明确。

(2) 细分要素。对目标构成要素进行细分，找出产生影响的关键要素。

本例中，构成职业规划要素的内容很多，而自我认知分析、环境分析是两个关键因素。

(3) 寻找引料。结合关键要素，找出对全局具有决定影响的引料。

本例中，在进行自我认知分析时发现，小李曾经二度高考落榜而发奋复读，第三年考入理想大学，这是个重要引料；在环境分析中，小李数次和家庭成员闹僵翻脸，也是个重要引料。于是，在充分肯定他的发奋精神的同时，也对他未来人际交往和环境适应能力深存忧虑。因此，将两个引料分别植入个人成长计划中，对实现职业规划目标大有帮助。

(4) 埋点植入。将筛选和提炼加工后的引料埋入重点目标区域内，形成点引。

本例中，在职业规划中的个人成长计划方面，单独植入“个人努力程度”和“人际交往和环境适应能力”两项指标，并且制订详细的指标分解计划、措施、检验标准等内容。

(5) 效能监督。对埋点后的功能和效果进行跟踪监督。

本例中，需要对小李的执行情况进行全程监督，特别是两个点引的功效。在监督方式上，可采用自我监督和他人（亲人、朋友、机构）监督相结合的方式进行。

(6) 调整终止。对埋点后出现的重要问题进行必要调整和终止。

本例中，如果小李其他两个点引功能良好，而心态频频出现问题，可调整增加“职场心态”的新点引；如果小李在公司工作两年后想报考公务员，需要审慎调整目标方向和指标内容，原目标计划（阶段性）自行终止，可重新制定新的职业规划（阶段性）。

2. 事后解决类

事后解决类是指已经发生，需要分析原因、找出对策、解决问题的事情。如某学生近期突然厌学，某公司近期人才流失严重，等等。

以某公司近期人才流失严重为例，说明操作流程的六个具体步骤。

(1) 观察症状。观察目标群体出现问题的各种症状、方式。

本例中，公司人才（目标群体）近期流失严重（症状），流失主要方式为员工陆续提出辞职。

(2) 分析诱因。对症状构成要素进行细分，找出产生影响的关键要素。

本例中，通过症状调查分析，找出了诱发人才流失的三个主要原因，即公司效益不佳、内部分配不公、管理混乱。

(3) 寻找引料。结合关键要素，找出对其具有决定影响的引料。

本例中，在深入挖掘经营、分配、管理三个要素的基础上，结合公司实际，找到三个引料：第一，公布公司秘密进行的2000万元融资计划和进度，使员工看到强大的资金背景；第二，颁布新政策，将在公司连续工作5年以上的8名老员工吸纳为股东；第三，实行经理轮流值班制，值班经理人选不受职务、资历限制，值班经理薪酬与公司效益和人员流失比例挂钩。

(4) 埋点植入。将经过筛选和加工的引料直接埋入目标群体，形成点引。

本例中，公司先以微信、邮件形式将三个点引内容发至全体员工，继而召开全体员工会议布置传达。

(5)疗效跟踪。在引料埋入目标区域内，进行效果跟踪和监督。

本例中，在公司实行三项举措(引料)后，对员工的态度、反应、工作表现进行全面跟踪，观察效能。

(6)调整补充。对埋点后出现的各种问题进行必要的调整和补充。

本例跟踪中发现，公司的三项举措极大地调动了老员工和经理层人员的积极性，而对普通员工现实利益触动不大，呈现“哑铃型”格局(两头高，中间低)。于是公司及时补充颁布了新的奖励制度，以调动各类人员积极性。

埋点模型的流程示意图，如图4–2所示。

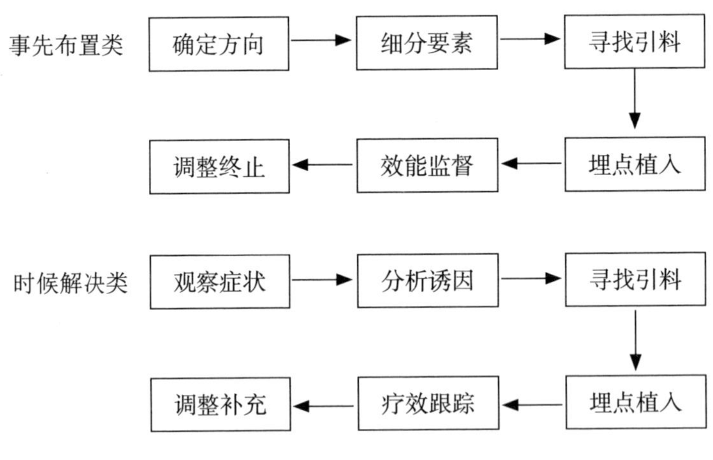

图4–2 埋点模型的流程示意图

(五)补充说明

关于埋点技能模型，有以下两点补充说明：

(1)埋点技能模型是领导者一种统揽全局、以点带面、以巧制胜的工具，是一种抓住主要矛盾、解决主要矛盾的特殊方法。在实际操作中，要精心找准“点位”，选择优质“引料”，实现埋点效能。

(2)为简便起见，领导者可将一些事件、设想等因素直接设定为点引，观察实际效果，而不必按照完整操作流程进行。

四、决策 532 模型

决策 532 模型，又称急诊博弈，在领导者决策中具有重要的参考价值，源自笔者所著《管理模型与人生思索》一书。

决策 532 模型是自创管理模型，笔者对医院急诊室出现紧急情况进行观察、慎思、归纳、实验，在 2012 年提出“急诊博弈理论”（决策 532 模型）。

（一）艰难的选择

危重病人被推进急诊室，面临两种不同的抢救治疗方案：一种是立即手术，一种是保守治疗。如果立即手术，会根除病灶、挽救病人生命且不会留下后遗症，但手术风险很大（也许病人立即死亡）；如果保守治疗，能暂时维持生命，但会错过最佳治疗时机，留下终生后遗症。

在生死攸关的时刻，需要当事人迅速做出抉择。如果你是当事人，应该怎么办？

（二）急诊博弈理论

急诊博弈是指在紧急情况下和面临重大问题时，从两个备选方案中迅速选择出一个的决策方式。由于决策者要立即做出正确的风险选择，具有“博弈”性质，故称为急诊博弈。

急诊博弈具有紧急、重要、决策、博弈的重要特征。

（三）决策 532 模型

根据急诊博弈现象，需要当事人立即做出决策。笔者尝试将三方当事人的意见按照不同权重比例进行分配，产生了决策 532 模型，主要内容如下：

在参与急诊博弈决策的群体（决策当事人）中，主要由三部分人员组成，即患者、亲属、操作者。

患者：指决策对象（个人或组织），例如接受抢救的病人、被改制企业等。

亲属：指和患者有血缘、利益关系的群体，例如病人子女、企业投资人、经理人等。

操作者：指决策执行的实际操作者，例如抢救病人的手术医生、运输货物的司机等。

三者在决策中权重分配比例为5∶3∶2，即患者为“5”，亲属为“3”，操作者为“2”。下面分别进行说明。

1. 主要尊重患者意见

患者对自己的情况最了解，也对自己的将来考虑得最清楚。在急诊博弈中主要尊重患者本人意见。患者根据当时状况分为两种，即神智清醒患者、神智不清醒患者。

对于神智清醒患者，在进行充分沟通后，按照原定5∶3∶2比例实行决策。

对于神智不清醒患者，一方面可以寻找患者的相关资料、回忆其态度（保证真实），作为重要参考。另一个方面，如果没有取得相关资料，需要重新调整权重分配比例，按照亲属、操作者6∶4的新权重分配比例进行决策，即患者比例为0，后二者比例成倍放大。

2. 充分考虑亲属意见

亲属和患者有直接的血缘或利益关系，在很大程度上能影响决策的方向和效果，因此亲属的意见在决策中要充分考虑；而且在急诊博弈中的决策牵头和最后“拍板”的人，往往从亲属中产生。

3. 认真考虑操作者意见

操作者具有患者和亲属不具备的优势：一是专业，特别是高技术的工作更具有权威性；二是经常和病人打交道，经验多，操作成功率高；三是决策的最终结果要通过操作者完成，任何失误都会前功尽弃。因此，要认真考虑操作者意见，作为决策中的重要依据。

决策532模型在实际运用中有两种方式：一种是精确法，即将各种要素进行数字量化后，通过科学的方法（如统筹法等）得出结论；一种是简易法，即只要患者与亲属或者操作者中任何一方达成一致意见，就可以做出决定（少数服从多数）。

（四）决策532模型的实际运用

决策532模型，可以运用到企业管理各种决策（企业诊断决策等）、人生指导（人生博弈决策等）、事件预测（推断事情未来）等方面。

1. 企业诊断决策

企业诊断决策，是对企业运营中出现的重要问题和解决方案进行的决策。

将决策532模型三个要素（患者、亲属、操作者），运用于企业诊断决策之中，形成下列对应关系：

患者——企业投资方

亲属——企业员工（含高级管理人员）

操作者——专业诊断公司

在企业诊断决策中，企业投资方意见权重分配比例为5，企业员工想法权重分配比例为3，专业诊断公司建议权重分配比例为2。按照这样的权重分配比例，企业诊断决策就有了标准依据，就能充分调动各方积极性，强化责任意识，全面提高决策效率、质量、水平。

2. 人生博弈决策

人生博弈决策，是对人生当中重大问题进行的博弈和决策。如填报高考志愿、选择职业方向等。以填报高考志愿为例。

将决策532模型三个要素（患者、亲属、操作者），运用于填报高考志愿决策之中，形成下列对应关系：

患者——参加高考者

亲属——父母及亲属

操作者——高中教师、辅导教师（替代实际分数评判操作者，即判卷老师）

在填报高考志愿决策中，参加高考者本人意见权重分配比例为5，父母及亲属意见权重分配比例为3，高中教师、辅导教师意见权重分配比例为2。经全面权衡和考虑，填报理想的高考志愿。

3. 事件预测判断

事件预测判断，是指对已经发生事件的发展趋势、未发生事件的结果进行预先推测，是领导力训练中重要的内容之一。领导者对未来做出准确的判断，是决策力的重要体现。同时，事件预测判断也可以延伸到生活中来，提升生活质量，增加生活乐趣。

笔者将决策532模型运用到事件预测判断中，形成了一种习惯思维定势，现与读者进行分享。

(1) 事件范围。参与预测的事件不受限制，可以是工作、生活、交友、婚恋等。

例如，预测明天谈判是否成功，能否签订合同；预测张经理本周是否主动提出离职；预测今晚国足与韩国比赛是否能赢，等等。

(2) 结果预测。按照“532”权重比例进行结果预测，即按照发生概率的50%（可能性最大）、30%（有可能性）、20%（可能性很小）进行判断。按照532的顺序进行排列。

预测一：明天谈判是否成功，能否签订合同，预测结果为：

5：谈判比较成功，但不能当天签订合同。

3：谈判不成功，不能签定合同。

2：谈判非常成功，当天签定合同。

预测二：本周张经理是否主动提出离职，预测结果为：

5：本周不提出离职，开始休假。

3：本周提出离职，办理离职手续。

2：本周不提出离职，在岗位继续工作。

预测三：今晚国足与韩国比赛是否能赢，预测结果为：

5：国足与韩国踢成平局。

3：国足输给韩国。

2：国足赢韩国。

在进行结果预测时，读者可以综合各种信息，运用知识和经验，采取多种思维方法，提出自己的三个结论。

(3) 判断总结。将预测结果与事实结果进行比照，记录每次预测的准确度和偏差，在一定时期进行总结，找出规律性的东西，不断提高预测准确度。

养成事件预测习惯，对提升领导者品质和技能（前瞻性、战略性、宽阔心胸等）很有帮助。

（五）补充说明

关于决策532模型，有以下两点补充说明：

(1) 决策532模型使用范围可以延伸很广。在紧急重要的情况下可以使用，在一般情况下也可以使用；在工作中可以使用，在生活中也可以使用；在决策三方当事人权重可以使用，在预测三种概率时也可以使用；在复杂系统的程序中可以使用，在简单事件中也可以使用，等等。

(2) 决策532模型的权重比例是个参考数字，读者可以根据情况增加（增大）或减少（减小）要素和数字，形成新的数字模型，产生新的决策理论和工具。

第五章

领导力相关

CHAPTER5

在前四章中，重点介绍了领导力认知、领导力四力模型、领导力类型、模型领导力。领导力是一个整体系统，更是一个复杂系统，与领导力相关的内容众多。笔者摘选了与领导力技能相关的四项内容，即目标管理、授权与反授权、高效沟通、时间管理，在本章中做一些简要介绍，希望对领导者和管理者提高领导力技能有所帮助。

第一节 目标管理

美国管理大师彼得·德鲁克（Peter Drucker）于1954年在《管理实践》中最早提出了“目标管理”的概念。概念提出后，在美国、日本、西欧乃至世界范围内的企业广泛流行，至今长盛不衰。

目标管理，又称MBO(Management by Objective)，涉及许多内容。笔者结合学习体会，认为重点要了解下列内容。

一、目标识别

目标识别是指将目标从其他相近要素（或事物）中甄别出来。目标识别需要很强的目标敏感性，是目标管理的第一项要素。目标识别主要识别下列内容。

1. 识别目标

一般来讲，目标特指下列三种情况：

(1) 给梦想实现加上一个日期；

(2) 攻击或寻求的对象；

(3) 达到的境地或标准。

笔者认为，第三种（达到的境地或标准）是目标，即工作目标。

2. 识别目标管理

目标管理由六项要素组成：第一，以目标为导向；第二，以人为中心；第三，以成果为标准；第四，组织和个人；第五，取得最佳业绩；第六，现代管理方法。

目标管理的六项要素每项都很重要。笔者认为，记住第一条（目标为导向）或第三条（以成果为标准）尤为重要。

3. 识别目的与目标

目的与目标很相近，怎样进行识别呢？一般来讲，目的是抽象的、终极的、不可衡量的，目标是具体的、阶段的、可衡量的。以“长命百岁”为例：长命是目的，百岁是目标。

4. 识别目标、计划、任务

相对来讲，这组内容较好识别。三者是隶属关系，即任务隶属于计划，计划隶属于目标。或者说目标包含计划，计划包含任务。

二、目标制定

目标制定是指建立和设定工作目标。目标制定是目标管理的关键环节，应该遵循下列原则：

（1）铁律原则。制定目标一定要和执行者的利益（长远利益和现实利益）捆在一起。

（2）资源原则。对可控资源和开发资源进行客观、严格的分析，既最大限度地利用资源，又量体裁衣，控制好风险。

（3）可行原则。按照SMART要求，目标必须具体、可衡量、可实现、相关、有时限。

（4）潜质原则。制定目标时，绝不可忽视团队潜质开发因素。只有充分挖掘和开发团队每个成员的潜力和集体群合力，目标制定才有更深的含义。

（5）优化原则。好目标不是一步到位，要经过必要的酝酿、反复、修改，不断优化。

(6) 学习原则。在制定目标的过程中，不断学习先进管理理念，借鉴他人(成功企业等) 经验。

三、目标解释

目标解释是指将目标的主要内容解释给目标执行者，便于执行者更好地完成目标。目标解释需要注意以下几点：

(1) 目标解释需要及时、准确、清晰。

(2) 共同目标与利益关联。这一点非常重要，人们更多关心目标与自己利益的关联程度，由此产生某种程度的驱动力。

(3) 角色定位与权责关联。解释在完成这项工作目标中参与者各自担当什么角色，权力和责任关联内容，等等。

(4) 流程结点清晰度。工作流程交接处最容易出现问题，要特别解释清楚，加以注意。

(5) 完成目标的标准。这是完成工作目标的验收标准，要界定清楚，不能含糊。

(6) 工作配合承诺书。在必要条件下签订这个文件，避免今后扯皮事件发生。

四、目标分解

目标分解是指将总体目标在时间 (某某时段) 和空间 (分解到单位、个人) 上落实到具体内容。目标分解是实现目标的重要前提，一般有下列分解方法：

(1) 指令式分解，即由领导决定分解内容。

(2) 协商式分解，即由相关单位和人员进行协商，按照协商结果进行分解。

(3) 竞力式分解，即由各参与单位和个人进行公平竞争，获得分解内容。

(4) 博弈式分解，即采取随机抓阄等博弈方法，解决目标分解难题。

五、目标调整

目标调整是指对目标进行必要的修正，使目标更客观、科学，更有吸引力。

目标调整一般有下列情况：

(1) 目标制定的非客观性调整，即制定的目标与客观现实脱离较大或严重不符。例如，年内达到 ×× 亿元产值、年内国内主板上市，等等，要进行切合实际的调整。

(2) 目标制定的非科学性调整，即制定的目标不符合科学道理，违反科学规律。例如，领导拍脑瓜制定的目标，违背金融规律的投资目标，等等，要进行科学性的调整。

(3) 总体目标变化引发的调整，即由于总体目标发生变化影响到局部目标调整。例如，公司总销售额从 600 万元调整到 1000 万元，销售二部的销售额就从当初的 100 万元调整到现在的 150 万元，等等。

(4) 人员环境变化引发的调整，即制定目标后发生了较大的人员变化（人员裁减 1/3 等）和环境变化（国家行业政策新政策限制等），要对原有目标进行必要的调整。

(5) 其他因素引发的调整，即除上述原因之外的其他因素发生变化，如变换领导、突发事件、不可抗力等，要适时对目标进行调整。

第二节　授权与反授权

授权是一种重要的领导技能，防止反授权是领导者必备的领导意识。那么，授权有哪些要领，如何有效地进行授权？什么是反授权，如何防止反授权？

一、如何有效授权

（一）授权的定义

权利委托他方，这是笔者给授权下的简明定义。

权利是指人、财、物、事情等决定权利，委托是指授予、部署、交办，他方是指下属人员、机构、其他人员和组织等。

（二）授权的缘由

为什么要授权？

(1) 系统要求。领导者不可能独揽工作，要进行工程性的分解才能完成工作。

(2) 发挥动能。领导者不能只要求下属机械地执行任务，要充分发挥下属的主观能动性。

(3) 适应变化。被授权者可以根据具体情况的变化，迅速调整并适应，办好事情。

(4) 人才培育。充分授权，可以培育被授权者的胆识、能力和综合素质。

(5) 发挥优势。发挥各类人员的优势，避免一枝独秀，形成百花争艳的局面。

(6) 好钢在刃。天天砍柴不如一日挖参；养兵千日，用兵一时。关键时刻授权，把好钢用在刀刃上。

（三）授权的原则与方式

(1) 授权原则。按照目标明确、内容准确、能级分明、规定权限的原则进行授权。

(2) 授权方式。授权方式有两种：一种是按照领导风格进行授权，包括刚性授权、柔性授权、模糊授权、惰性授权四种方式；一种是按照授权渠道进行授权，包括口头授权、书面授权、单方授权、多方授权四种方式。

（四）授权程序

授权要经过下列步骤：

(1)定任务。明确授权要干什么，解决什么问题。

(2)定人员。确定被授权者是谁。

(3)定权限。规定被授权者拥有的权利范围和界限。

(4)定时间。规定被授权的有效时间期限。

(5)定方式。确定通过什么方式（上述方式中选择哪种）进行授权。

（五）授权说明

授权有以下几点注意事项：

(1)跟踪考核机制。在重大事项授权后，要建立必要的跟踪和考核机制，掌控动态结果。

(2)不能重复授权。不允许将某件事情重复授权给另外人员，或者在办理一件事情的权限上与其他人权限发生冲突。

(3)人员选择慎重。慎重选择被授权者，考虑好可能出现的结果和对策。

(4)内容形式严谨。授权书的格式和内容、口头授权的凭证和标准等，要认真严谨，以防后患。

(5)防止反向授权。警惕和防止出现反授权问题。

二、防止反授权

（一）反授权的定义

授权上级，为己工作，这是笔者给反授权下的简明定义。

下级把自己职责范围内的工作和矛盾推给上级，“授权”上级为自己工作，上级被下级牵着鼻子走，形成了反向授权，简称反授权。

（二）反授权的根源

为什么会出现反授权？

其根源主要来自上级、下属（下级）、制度流程三个方面。

1. 上级事必躬亲

上级做事喜欢直接参与，事必躬亲、亲历亲为，为反授权创造了一个重要条件。上级为什么会这样做，主要有以下几个原因：

原因一：怀疑下属。对下属的素养、技能、做事成果不信任，认为只有亲自去做，才能将事情做好。

原因二：担心被架空。考虑如果没有具体事情做，很有可能被架空，或者被替代。

原因三：熟悉情况。想借此机会熟悉更多的情况，便于今后工作开展。

原因四：能力不济。领导能力欠缺，缺乏统帅和掌控能力，只有自己去做具体事情。

原因五：以此为荣。认为身先士卒是一种美德，认为员工围绕（求）着自己是一种荣耀。

2. 下属反踢皮球

下属把本应在自己职责范围内完成的事情，像踢皮球一样反踢给上级，这是反授权的直接原因。下属为什么会出现这种想法，主要有以下几种心态：

心态一：无责心态。下属没有责任心，不愿承担责任。

心态二：无过心态。下属担心出现过错，一门心思保平安。

心态三：无力心态。下属不具备完成该项工作的能力，向上级进行请教，提高技能。

心态四：试探心态。下属故意试探上级，采取相应策略，为自己谋取主动。

3. 制度流程误导

企业制定的管理制度和工作流程中有相关规定，比如，过于强调请示制度，过度惩罚工作差错，强调上级决策权力过细，工作流程习惯（多请示、多汇报），等等。这些制度和流程的缺陷和误导，为滋生反授权提供了土壤。

笔者在某家集团公司遇到过多个领导办公室门外排长队进行请示的“壮观场景”，员工戏称为“排队打酱油”，其根源值得深思。

（三）反授权的表现形式

在现实工作中，反授权主要有五种表现形式：

(1) 请示型。下属几乎事事向上级请示汇报，让上级给自己拿主意。

(2) 问题型。下属经常提出问题，让上级解决，给上级“布置作业”。

(3) 选择型。下属提出几种不同方案，让上级选择（下属应该表态，在各种方案中赞同哪个方案）。

(4) 事实型。下属在工作中该请示不请示，造成不良事实后果后，由上级出面进行解决（紧急救火、事后安抚等）。

(5) 逃避型。下属故意逃避（不接电话、请假、编造工作冲突等），将工作甩给上级。

（四）反授权的危害

一个单位经常出现反授权，会造成下列严重危害：

(1) 下属无职责。下属的工作通过反授权推给领导来完成，职责如同虚设。

(2) 领导无大局。领导被下属牵着鼻子走，陷入具体工作中，无心顾及要事和大局。

(3) 管理无制度。反授权让管理失去严肃性和规范性，肆意践踏制度。

(4) 企业无效率。造成许多扯皮、推诿、工作进程缓慢现象，严重影响工作效率。

(5) 能人无用武之地。企业各种人才（能人）没有施展才华的机会，英雄无用武之地。

(6) 庸人无顾忌。企业中庸人当道，无所顾忌，形成不良的企业文化氛围。

（五）防止反授权的措施

反授权形成容易、危害严重，必须采取措施加以遏制。

1. 要真正授权

真正授权是防止和消除反授权的前提。真正授权是指视能授权（根据被授权者能力）、信任授权（充分信任被授权者）、责权对等（被授权者的责任和权利对等）、直接授权（不可越级授权）、内容明确（授权内容明确具体）、公开监督（授权公开并接受监督）。

2. 常用反问句

为有效防止反授权，上级经常使用反问句是一项很不错的选择。例如：你怎么看？你觉得可以（合适）吗？你对出现的后果考虑清楚了吗？

经常使用反问句，主要作用有三点：第一，树立尊严而不是随波逐流；第二，调动和发挥下属的工作积极性；第三，建立反授权防火墙，令下属知难而退。

笔者在防止反授权各种措施的场景演练中，发现一个规律：使用反问句的频率是最高的，效果是最好的。

3. 职责为标准

反授权是下级把自己职责范围内的工作和矛盾推给上级。因此，要聚焦岗位职责、明确岗位职责、严格岗位职责、考核岗位职责，以岗位职责作为下属工作完成优劣的重要标准和参照物。

4. 奖惩要跟踪

对于履行岗位职责良好的员工，要及时进行激励；对于不履行（或不完全履行）岗位职责的反授权员工，要即刻进行惩处，明令禁止，建立敏锐的风向标。与此同时，对于被惩罚者要进行一段时期的跟踪，观察后期表现，通过辅导谈话、专项培训等方式来提高认识和技能，跟上团队整体步伐。

5. 文化做保证

反授权的形成与企业文化土壤有很大关联。防止反授权，要做好三件事情：

第一，进行宣传。让每个员工明确反授权对企业的危害、对团队的危害、对自身的危害，明确企业防止反授权的决心，明确企业的用人标准，明确企业目标愿景与员工的关联度和驱动力，等等。

第二，修订制度。对有反授权隐患的各项制度内容（含标准、流程等）进行删除、修改并重新制定。鼓励领导者真正授权，鼓励下属员工发挥主观能动性，鼓励企业高效办公，鼓励团队中每个人胜任岗位。

第三，营造气场。在企业中营造强大的抵制、鄙夷反授权的气场，让反授权行为者灰溜溜且无处躲藏，让认真履行岗位职责者傲立群雄，众人点赞。同时，营造不断学习、提升领导力技能的气场，让优秀领导者脱颖而出，担当企业重任。

第三节 高效沟通

沟通是人们之间的一种基本行为，高效沟通是一门重要的领导技能，也是领导力强弱的重要体现。那么，领导者如何进行高效沟通？高效沟通要注意什么？

一、什么是高效沟通

（一）沟通的定义

沟通，即信息双向流动。这是笔者给沟通下的简明定义。

沟通包括信息、双向、流动三项要素，三者缺一不可。

信息，包括语言信息（口语、文字、图片等）、肢体信息（表情、动作等）等。

双向，即沟通双方（或多方）要及时反馈。

流动，即通过一定载体（谈话、会议、信件、活动等）进行传播。

（二）高效沟通的定义

高效沟通，通俗地讲，就是沟通方法和结果效率很高。包括高效沟通方法和高效沟通结果两项要素。

高效沟通方法，即选择最佳沟通方式（单独谈话、文字沟通等）、运用高效沟通技巧（倾听、黄金法则等）进行沟通。

高效沟通结果，即通过高效沟通方法进行沟通交流，达到或超过预期设定的沟通效果（沟通目的）。

（三）高效沟通的标准

什么样的沟通结果可称为高效沟通呢？有几条判断标准：一是同一频道（所答为所问、所供为所需），二是关系改善，三是接受观点，四是行为改变，五是实现目标。

二、高效沟通的方法

高效沟通有许多方法，笔者总结并推荐四种方法，即四语沟通法、象限对策法、黄金定律法、信息指令法。

（一）四语沟通法

四语是指沟通的语态、语境、语体、语声。四语沟通法是指按照四语内容，根据沟通环境和沟通对象的不同变化，采取相应策略的一种高效沟通方法。

1. 语态

语态是说话的口气和态度。盛气凌人和唯唯诺诺的语态都不可取。谦虚、亲和的语态会拉近彼此的距离，甚至收到意想不到的效果。

笔者在授课中多次提到“蹲下身来”的理念，是一种可以借鉴的沟通方式。

“蹲下身来”理念来自家长对未成年孩子的教育站位。孩子做错一件事情时，一些家长高高站立（孩子身高只有家长身高一半）在孩子面前，进行指责和埋怨：“你怎么又忘记带铅笔盒了，你是猪脑子呀，下次再忘记就别回家了，直接睡大马路吧！”

另一些家长在面对孩子做错事情时，不是高高在上地进行指责埋怨，而是慢慢蹲下身来，抚摸着孩子的脸蛋：“宝宝，今天外面风好大，小脸都吹脏了，妈妈给你擦擦。对了，宝宝，今天李老师打电话，说你忘记带铅笔盒了，这是怎么回事……”

这位母亲这一蹲，让自己在孩子心目中的形象一下子高大起来了；这一蹲，瞬间把自己与孩子的距离拉近了；这一蹲，孩子会帮你解决平时一些令家长头疼的问题；这一蹲，不仅是身体的蹲下，而是人与人沟通和交往中的一种谦虚美德，是解决多少疑难问题的神奇“药方”。

在企业管理特别是和员工沟通的实战中，一些领导高高在上，怨这个、骂那个，习以为常。觉得自己是领导，就应该站在高处，结果造成工作被动和诸多隐患。遵从“蹲下身来”的理念，会使你驻足思考，发生新的变化。当你放下架子，蹲下身来的时候，你会有意想不到的收获。这一点，已经被多个企业实战案例所证实。

沟通的语态是高效沟通的第一要素，沟通语态出现问题，沟通就可能立即搁浅、停止，后面内容也就无从谈起。

2. 语境

语境是指沟通的环境和场合。高效沟通中要特别注意语境。语境包括人境、物境、场境三项要素。

人境是指人的参与和表现。主要涉及三个方面的内容：

(1) 在场人员。在沟通中，有哪些人员在场，对沟通效果影响很大。例如，批评或惩罚一个员工时，如果这个员工的恋人在场，效果就不会太好。

(2) 人员反应。要特别关注沟通者的反应，适时做出调整。例如，在沟通当中，对方左顾右盼、哈欠不断，就要将话题转移到对方感兴趣（或影响程度高）的事情上。

(3) 信息知否。如果将沟通的信息（对方已经知道）故作神秘状，或者照本宣科又复述一遍，会影响沟通效果。因此，在沟通前要特别留意对方信息知息程度，才能有的放矢，提高沟通质量。

物境是指在沟通过程中，一些物品对沟通效果的影响。主要涉及两个方面的内容：

(1) 为沟通提前准备的必要物件。例如，在沟通合同细节时，提前准备的相关文件资料；在开会宣讲前准备 PPT 和麦克风，等等。物件准备出现纰漏，会对沟通效果产生不良影响。

(2) 在沟通中，被沟通者能随意看到的物件。例如，一些字画、雕塑、摆件、高尔夫球杆、书柜、床垫等。被沟通者看到不同的物件，会产生不同的想法，尤其是看到非常喜欢或者非常反感乃至产生深刻联想的物件，会对沟通效果产生重要影响。

场境是指沟通的场合、场地、场景。例如，单独谈心可在下班后到咖啡厅进行，商业机密沟通不能选在公众场合，寒冷的冬天不宜在露天广场上进行沟通，等等。

3. 语体

在高效沟通中，要学习和掌握恰当的语体。语体包括沟通主体、传输载体、语言肢体三项要素。

(1) 选对沟通主体。沟通主体是进行沟通的人。同样的事情，不同的人去沟通，效果会相差很多。因此，要慎重选择沟通主体。

在选择沟通主体时，除人品、技能、工作关联度等要求外，要重点考虑与被沟通者的关系（熟悉度、信任度等）。

(2) 选用传输载体。传输载体是沟通的传送渠道和平台，如谈话、会议、值班记录、微信、邮件等。领导者要选用合适的传输载体，与被沟通者进行有效沟通。

需要注意一点，在沟通时选择哪一种传输载体，领导者不能仅凭自己的习惯，而要考虑员工是否喜欢和员工的习惯。做到这一点，能给员工留下良好的印象，为最终达到沟通目标提供方便。

(3) 巧用语言肢体。在面对面的沟通当中，一要讲究沟通语言，二要运用肢体语言。沟通语言是一门艺术，运用得当会让人感到舒服；运用肢体语言要特别注意，适当的点头、身体前倾可以润色沟通场景，强化沟通效果。

4. 语声

语声是指沟通中的声音。语声包括声音高低、语速快慢、转折停顿、和谐悦耳等。

语声是高效沟通中的关键因素，也是美学因素。试想：如果你说的话对方听不到、听不清，会是什么结果；如果你说话吞吞吐吐、呜呜噜噜，对方对你产生反感，沟通会是什么效果；如果你的声音打动对方并让对方感到舒适愉悦，又会是什么效果。

在高效沟通中运用语声，第一要时刻观察被沟通者的反应，第二要将肢体语言与说话内容巧妙地结合起来，第三要多学习、多训练，提高说话、朗读、演讲水平。

（二）象限对策法

象限对策法是指在沟通过程中，针对四个象限中不同类型的人员，采取不同的对策。

1. 象限图解

沟通按照重视人和事、反应快和慢两个维度，构成四个象限，形成四种不同的工具，分别代表某一类人员，如图 5–1 所示。

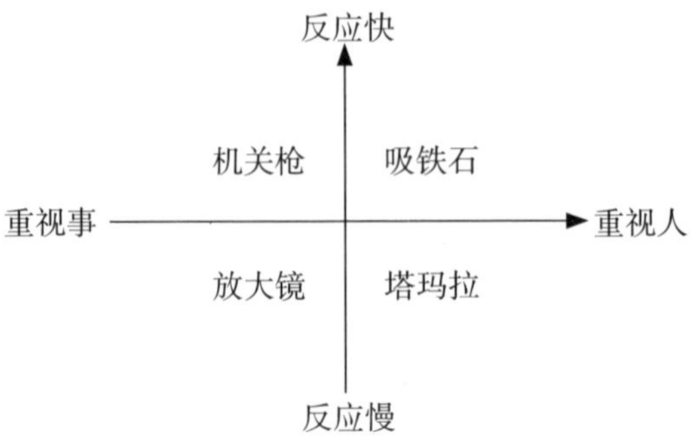

图 5–1　沟通四象限工具

(1) 吸铁石人员。这类人员无论走到哪里，都喜欢以自我为中心，吸引众人关注，自我表现欲望强。

(2) 机关枪人员。这类人员心直口快，讲述自己观点时滔滔不绝，别人很难打断他。

(3) 放大镜人员。这类人员喜欢拿放大镜观察和分析事物，更注重事情的依据和逻辑顺序。

(4) 塔玛拉人员。塔玛拉是一种只收信号、不发信号的雷达。这类人员只倾听，不发表意见。

2. 沟通对策

针对上述四类不同人员，领导者与其沟通过程中要采取不同的策略。笔者将高效沟通的要件和鼓励方式简要概括如下：

(1) 针对吸铁石人员：给足面子，理解善意，警示鼓励（在表扬中带有提醒和注意的内容）。

(2) 针对机关枪人员：巧妙切入，双向沟通，中段鼓励（在其发言中鼓励，巧妙地转移话题）。

(3) 针对放大镜人员：提供数据，慎用评价，精神鼓励（鼓励尊重事实、工作严谨的精神）。

(4) 针对塔玛拉人员：改变角色，令其做主，参与鼓励（不论观点对错，鼓励参与的态度）。

领导者可以上述对策为参照，结合下属的个性差异，以及在沟通过程的细微变化，对症下药，相机行事，达到高效沟通的最佳效果。

（三）黄金定律法

黄金定律法是领导者高效沟通非常实用的一种工具方法。它是将人们沟通中所关注的问题（发牢骚问题）进行后续提炼，形成三种含金量很高的元素，指导人们进行高效沟通并形成定律，故称为黄金定律法。

1. 三项黄金元素

黄金元素的三项内容包括：观点、方案、价值。

元素一：观点。观点是人们对某件（或某类）事情的看法。人们的认知不一样，观点也不一样。例如，对于领导者处理的一件事情，有人说好，有人说不好。

元素二：方案。方案是指为解决某个（或某类）问题提出的措施。解决方案有的提出一种，有的提出几种。受过职业化训练的员工会提出几种方案，列出各自的优缺点后，确定自己最赞同的一种方案，而不是把几种方案都摆在领导面前，让领导自己选择，形成反授权。

元素三：价值。这里所提的价值，是指对自己有什么好处。这是人们普遍关心的一个要素。一件事情即便其他方面再好，但对自己没有什么价值（好处），那么人们还是不情愿去做，这是人的本性。

2. 黄金定律内容

黄金定律内容可用三句话进行概括：发牢骚不如明观点，明观点不如提方案，提方案不如示价值。

（1）发牢骚不如明观点。

在工作和现实生活中，经常听到一些人抱怨这，抱怨那，牢骚满腹，好像全世界的人都欠他似的。在沟通中，把自己的牢骚提炼成一些观点，对沟通效果会有良好影响。毕竟，没有人愿意跟一个“雾霾发生器”（发牢骚者）进行沟通。

例如，某企业一段时间没有发工资。一些人抱怨企业不讲信用，违反劳动法；一些人不抱怨企业，提出“这是企业经营中正常的事情”等观点。领导者在与后一种员工沟通时，就比单纯发牢骚的员工效果好。

(2) 明观点不如提方案。

在沟通过程中，明确观点不如提出切实可行的解决方案。

上述案例中，领导者在与员工沟通时，提出了尽快发放工资的解决方案（老板垫资、清偿债务、引入风投等），沟通效果就会更好。

另外，在一些沟通过程中，双方往往都会提出一些需要解决的问题。如果提出和找到解决双方共同问题的方案，沟通效果就会更加有利。

(3) 提方案不如示价值。

这是高效沟通的王牌，堪称宝中之宝。

提出的各种解决方案固然很好，但人们更关心的是对自己有什么影响，给自己带来哪些价值。

上述案例中，如果领导者在与员工沟通时，领导者提出让员工端正态度，理解企业难处，告之企业正在想办法解决问题，等等，其效果可谓一般。如果领导者告诉员工，凡是本月不离职的员工，下个月晋升一级工资，还有晋升职务的比例，效果可想而知。

在沟通中，把给对方带来价值、带来什么样的价值放在第一位，能起到四两拨千金、画龙点睛的明显效果。在这一点上，无论是工作方面还是生活方面的沟通，可以广泛运用，收效颇丰。

3. 黄金定律补充

领导者在运用黄金定律进行沟通时，可以按照牢骚——观点——方案——价值的程序进行，也可以跨越程序使用，如越过方案，直接跨到价值，达到高效沟通的目的。

（四）信息指令法

信息指令法，又称领导指令法，是指领导者要准确、清晰地使用信息指令，在与员工的信息传递中达到高效沟通的效果。

1. 信息指令法的来源和表现

信息指令法来源于领导者与员工之间发生的沟通障碍。主要表现在两个方面：

第一，领导的话都是不可违背的。员工把领导说的每句话都当作是“圣旨”，事事都按照领导说的去做。员工分不出哪些是重点工作，哪些是一般工作，哪些是日常琐碎事情。

第二，领导的话可听可不听。下属对领导说的话可听可不听，见机行事，结果是经常耽误大事。领导发火，员工不解。

研究发现，领导和员工在沟通方面出现的问题，是因为没有统一和明确的信息指令。由此提出信息指令法。

2. 四种信息指令

作为领导者，要准确、清晰地向下属传达四种信息指令，而作为员工，要完整、准确地理解领导的四种信息指令，才能达到有效、高效的沟通效果。

四种信息指令分别是命令、指令、意见、建议，或者称为领导命令、领导指令、领导意见、领导建议。

(1) 命令。命令的方向是垂直向下，下属严格按照上级要求，不折不扣地完成工作。

(2) 指令。指令的方向是倾斜向下，下属按照上级要求，在操作细节上可以适度调整。

(3) 意见。意见的方向呈水平状，下属和上级可以相互讨论，平等协商。

(4) 建议。建议的方向是由下向上，上级提出建议后供下级参考，下级可以否定上级的建议。

四种信息指令，如图 5-2 所示。

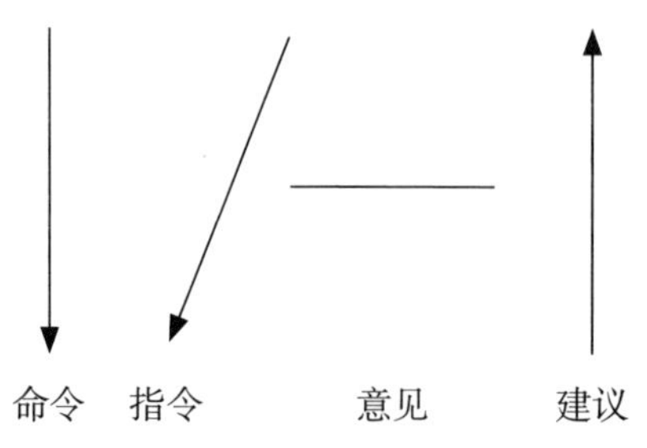

图 5-2 信息指令图

3. 四种信息指令的使用区分

四种信息指令在使用中，一般按照下列方法进行区分：

(1) 命令。对于重大事项、重要事项、紧急事项，上级要下达命令。

下达命令的方式，可以是文件下达，也可以是口头下达。

下达命令的口吻，一般是“必须”“务必”。例如，今晚务必在公司把合同起草出来，12点前送我（领导）办公室。员工接到命令信息，要竭尽全力完成。

(2) 指令。对一些重要事项，上级可以下达指令。

下达指令的方式，可以是文件下达，也可以是口头下达。

下达指令的口吻，没有“必须”“务必”，而是强调事情本身。例如，今晚把合同起草出来发给我（领导）。在哪里起草，几点发送，以什么形式发送，下属可以自己掌握。

(3) 意见。对部分重要事项和某些一般事情，上级可以征询下属意见。

征询意见的方式，可以是文件、文字，也可以是口头征询。

征询意见的口吻，一般是“请提出意见”，“请大家讨论并发表意见”，等等。例如，今天把大家召集来，主要是讨论公司班车路线问题，请大家发表意见。在此过程中，上级和下属没有职位高低之分，平等参与讨论，充分发表意见，这一点要特别注意。

(4) 建议。上级对一些具体工作或日常琐碎事情，给下属提出建议。

提出建议的方式，一般以口头建议居多。

提出建议的口吻没有统一规定，因人而异。比如，有的上级直接说，“把我（领导）办公室的门柄换成折叠的”；有的上级委婉地说，“公司前台附近摆绿萝可能好一些”，等等。面对领导提出的建议，下属可以考虑，也可以否定。否定时，说出否定的理由。因为在具体操作环节上，最有发言权的不是上级，而是具体负责此类工作的下属。

4. 信息指令沟通的补充

关于信息指令沟通，有几点补充意见：

(1) 企业各级领导者要认识到规范信息指令对于公司管理和高效沟通的重要性，形成制度，养成习惯，将四种信息指令准确、清晰地传达给下属，提升领导力技能。

(2) 下属员工要准确地理解和区分四种信息指令，保住重点，兼顾一般。同时，要花些精力去观察上级的工作习惯、工作思维，便于更准确高效地沟通和工作开展。

(3) 四种信息指令中，没有提到“领导指示”。在这里主要考虑每个人对领导发出信息指令的解读不一样，有的人认为是命令，有的人认为是指令，很少有人认为是意见或建议，而且涉及一些人为动机和环境变化等诸多因素，情况较为复杂。

高效沟通，一线藕丝牵动大象；无效沟通，千金大锤拍苍蝇。领导者学习和掌握高效沟通技巧，对于打开工作局面、促进业绩增长有很大帮助。同时，能提升领导者品质和技能水平。

第四节　时间管理

时间管理是领导力的一个重要体现。时间管理方法有多种，在这里重点介绍麦肯锡电梯法、莫法特休息法、柯维象限法、六点优先法四种时间管理方法。

一、麦肯锡电梯法

（一）麦肯锡电梯法的由来

麦肯锡公司的项目负责人在电梯间里遇到客户的董事长，在30秒时间内未将其提出的问题解释清楚，失去一个重要客户。从此，麦肯锡公司要求员工在最短的时间内（30秒）把关键问题说清楚。

（二）麦肯锡电梯法解决的主要问题

麦肯锡电梯法主要解决短暂时间内的核心亮点展示问题。特别是当今由信息化、碎片化主导的时代，人们迫切需要在最短的时间内了解对方情况，讲求最高效率。

（三）麦肯锡电梯法的操作关键

以30秒为限，将众多内容进行提炼、压缩，再提炼、再压缩。保留精华，言简意赅。

（四）麦肯锡电梯法的现实作用

麦肯锡电梯法的现实作用有以下几个方面：

(1) 介绍展示效果好。企业介绍、产品介绍、项目介绍、团队介绍、人物介绍、个人面试、技能展示等，简明扼要，击中要害，穿透力强。

(2) 提升领导力水平。领导者运用麦肯锡电梯法，能提高时间管理效能，聚焦和解决主要矛盾，摒弃次要矛盾，抓大放小，提升领导力水平。

(3) 突出质量和效率。麦肯锡电梯法突出工作高质量、高效率，短期高度覆盖，长期养成习惯。

二、莫法特休息法

（一）莫法特休息法的由来

詹姆斯·莫法特的书房里摆着三张书桌。第一张书桌上摆着《圣经》译稿，第二张书桌上摆着论文原稿，第三张书桌上摆着侦探小说。莫法特从一张书桌搬到另一张书桌继续工作。

莫法特休息法能避免长时期做同一工作带来的枯燥感。变换工作内容，进行调剂和放松，提升兴奋度和工作效率。

（二）莫法特休息法解决的主要问题

莫法特休息法主要解决工作单一、枯燥的问题，主张经常调剂和放松，提高工作效率。

（三）莫法特休息法的操作关键

找好三种样本，按照“相对枯燥”“一般化”“较感兴趣”顺序分类，不断进行轮换。比如，看课件、看新闻、看球赛，三项内容交叉进行。

（四）莫法特休息法的现实作用

莫法特休息法的现实作用有以下几个方面：

(1)时间管理，张驰结合，调剂精神，提高效率。

(2)领导者的工作节奏张驰有度，处理问题有理、有利、有节，提高成熟领导力。

(3)突出弹性、张力、兴奋度。领导者在人性化管理、情商管理、动态激励等方面可以借鉴思维。

三、柯维象限法

（一）柯维象限法的由来

柯维象限法，源自美国管理学家柯维“四象限”时间管理理论。柯维按照“重要”和“紧急”两个不同维度，把工作划分为紧急又重要、重要不紧急、紧急不重要、不紧急不重要四个象限，如图 5-3 所示。

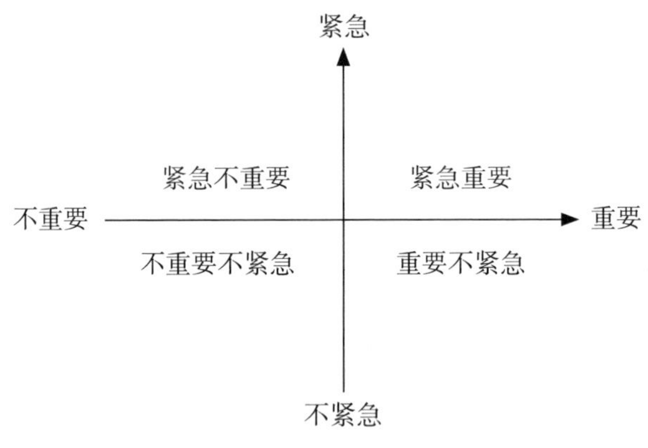

图 5-3 柯维象限图

（二）柯维象限法解决的主要问题

柯维象限法主要解决在内外干扰情况下的各类工作排序问题，梳理清楚，兼顾点面。

（三）柯维象限法的操作关键

柯维象限法的操作关键有两项：第一，确定四个象限的排列顺序。第二，将各类工作对号入座到四个象限中。

(1) 四个象限的排序依次为：紧急重要（立即办理），紧急不重要（授权下属办理），重要不紧急（制订计划办理），不重要不紧急（先不用办理）。

(2) 各类工作对号入座四个象限 (举例)。

A. 紧急重要：公章遗失、媒体报道、签订合同、保留证据等。

B. 紧急不重要：接收快递、招待客人、工作抽查、接听电话等。

C. 重要不紧急：看书学习、参加培训、起草制度、提升素养等。

D. 不重要不紧急：部分工作、广告骚扰、陌生人加微信等。

（四）柯维象限法的现实作用

柯维象限法的现实作用有以下几个方面：

(1) 指导时间管理，合理分配时间和精力。

(2) 提醒领导者分清轻重缓急，在各种干扰的情况下始终保持清醒的头脑，把握住方向、大局、要事。

(3) 提升全员职业化素养和职业化技能，提高工作绩效。

四、六点优先法

（一）六点优先法的由来

六点优先法，由美国管理大师艾维利提出。他让濒临破产的一家美国钢铁公司总裁，按照 1 ~ 6 的顺序标出六件最重要的事情。每天先做好“1”的事情，然后做好“2”的事情，依次类推，坚持下去。五年后该钢铁公司成为美国最大的私营钢铁公司。

（二）六点优先法解决的主要问题

六点优先法解决了向着既定目标努力的时间管理问题，明确了每天的时间安排和工作内容。

（三）六点优先法的操作关键

六点优先法的操作有两个关键环节：第一，设定六点目标的内容和排序，要经过深思熟虑；第二，每天完成的工作与六点工作目标的匹配程度，要天天进行检查。

（四）六点优先法的现实作用

六点优先法的现实作用有以下几个方面：

(1) 六点优先法，既是方向性的时间管理（长期目标），又是具体性的时间管理（每天的时间安排），对于企业实现经营目标具有双重指导作用。

(2) 领导者学习和掌握六点优先法，能放眼未来，培养战略眼光，提高领导决策能力；能掌控眼前工作和未来方向，强化每日工作对未来愿景的直接影响力；能将目标管理、时间管理与团队利益融为一体，激发和调动每个团队成员的热情，增大团队群合力。以上内容也是领导力四力模型的初衷和现实应用。

(3) 六点优先法可以引申到日常工作中使用，即将每天多项繁杂的事情，按照 1 ~ 6 的顺序标注出来，按序号进行实施和取舍。这样就会胸有成竹，有条不紊，提高工作质量和工作效率。

篇后语

在本篇中，依次按照“我是谁”“我要做什么”“我怎样做好”三个思维驻点进行了学习。

领导者的角色认知，回答了“我是谁”；

领导力四力模型，回答了“我要做什么”；

利用外脑，借鉴吸收各类领导力精华；拥有绝活，自建管理模型工具；投身实战，运用目标管理等技能，等等，回答了“我怎样做好”。

衷心期盼各位领导者，以品格铸就内心，以思维开启“脑洞”，以技能统领团队，以业绩成就伟业。成为时代的宠儿，成为卓越的领导者。

领导力不是孤立的。领导力需要执行力实现，领导力需要绩效力检验。希望后面篇章的学习，给您带来更多收获，更多愉悦，更多期待。

领导力 执行力 绩效力

第二篇

执行力篇

本篇摘要

执行力是企业老生常谈的问题，也是困扰企业发展的“老朋友”。什么是执行力？执行力有哪些种类？什么是好的执行力？如何打造团队卓越执行力？

执行力素养、执行力心态是执行力的前提，是执行力的必要条件；执行力的四种力量是执行力的目标要求，是执行力的核心体系。能动执行力、精确执行力、行为执行力、保证执行力，从四个维度撑起执行力的完整体系。

执行贵在行动，我们现在开始。

领导力

执行力

绩效力

LINGDAOLI
ZHIXINGLI
JIXIAOLI

案例导入五

高管入职

一个企业高薪聘请一位高级管理人员（以下简称高管）。这位高管入职后，不是立即在岗位上开展工作，而是到处视察（公司各处走动），挑这挑那，发表意见：哎呀，这个企业的战略有问题呀，战略目标不符合SMART原则呀；哎呀，这个企业的流程有问题呀，一个简单的事情需要那么多人签字；哎呀，这个企业员工素质有问题呀，工作上来回扯皮、缺少协作呀；哎呀，这个企业的环境有问题呀，办公地址选在嘈杂的路边；哎呀，这个企业真够抠门的，一张复印纸正面用完还用反面，小家子气……

没过几天，人力资源总监找这位高管谈话，直接说了两条意见：第一，我们企业不需要设计师，而是需要工程师；第二，你如果想当设计师，你自己开公司，或者投资入股我们企业，你想怎么办就怎么办。不能用企业的钱，办你如意的事。如果这个观念没有转变过来，你就不要在公司工作了。

思考一：你怎样评价这位高管？

思考二：是否赞同人力资源总监的意见，为什么？

思考三：如果遇到这样的高管，你会怎样对待？

案例导入六

办公会

笔者在一家上市公司担任高级管理人员时，参加过一次经理办公会。会议上，一位市场部经理发言说："现在部门的市场资料太少了，没有足够的市场资料，怎么进行充分调研；现在的客户资料太不完备了，没有完备的客户资料，怎么进行重点客户的开发；现在部门的人员配置太不合理了，应该是先配备部门经理，再配备部门员工；现在的广告费用投入太少了，应该投入更多，这些问题早就应该解决……”

没等市场部经理说完，总经理打断他：“请问，没有问题，要你做什么？”整个会场顿时鸦雀无声。

思考一：你怎样评价这位市场部经理的发言？

思考二：你怎样看待总经理的回答？

思考三：与上个案例（案例五）联系起来，你有哪些感想？

第六章

执行力认知

CHAPTER6

执行力是企业管理的关键因素，也是企业完成经营目标的基本保障。什么是执行力，好的执行力的标准是什么，主要包括哪些内容，在本节内容中进行说明。

第一节 对执行力的不同理解

人们的认知不同，对执行力的理解也不相同。下面从领导习惯认知、名人理解、个人理解三个方面简要进行阐述。

一、领导习惯认知

在企业实战中，一些领导者交办下属（或团队）完成某项工作任务时，只要没有达到预期效果，就会下这样的结论：员工执行力差，执行力有问题。

这些领导者对执行力的理解正确吗，需要在认知上进行澄清。

二、名人理解

笔者摘选了在全球具有影响力的四位企业名人，看看他们是怎样理解执行力的。

杰克·韦尔奇（Jack Welch）认为，执行力就是消灭妨碍执行的官僚文化，即消灭官僚。

柳传志认为，执行力就是把合适的人用在合适的地方，即用人合适。

马明哲认为，执行力就是企业核心竞争力，即核心竞争力。

迈克尔·戴尔（Michael Dell）认为，执行力就是把每个细节做完美，即细节完美。

四位名人，四种解读，四种认知。到底什么才是真正的执行力，也需要认知澄清。

三、怎样理解执行力

怎样理解执行力，以下列出与执行力有关的一些关键词（见表 6-1），请参阅列表回答问题。

表 6-1　执行力列表

执行力关键词				
过程	结果	服从	标准	行为
贯彻	沟通	体系	实践	检验
坚持	素养	能力	心态	挑战
规划	环境	文化	艺术	学习
消除官僚	用人合适	核心竞争力	细节完美	其他

（1）你认为执行力是什么（如回答贯彻、行为等关键词）？选择内容不能超过两个。

（2）如果上述表格没有你选择的关键词，请在“其他”栏目中说明你选择的内容，如驱动、达标、协作等。

最后的结论是：在关键词的选择上，虽有部分相同，但多数人对执行力的理解和选择是不一样的，人们的认知差别很大。

执行力到底是什么？只有对这个问题进行澄清或说明，才能继续学习后面的内容。

各种执行力理论站在不同的角度阐明不同的观点。笔者从执行力定义的角度，引导读者阅读今后的内容。

第二节　执行力的定义

一、执行力的定义

什么是执行力，执行力就是“奉命办事能力”。这是笔者给执行力下的定义。执行力有三个要件：

(1) 奉命，即奉行（履行）领导命令、指令，或者接受工作目标、工作任务的要求。这是执行力第一要件。

第一要件强调执行力的工作来源问题。执行力工作来源于领导安排或工作目标任务，而不是自己确定的工作内容。

(2) 办事，即办理事情，或履行职责、完成任务。这是执行力第二要件。

第二要件强调执行力的工作方向问题。执行力工作是办理完成，而不是请示、汇报、讨论工作等。

(3) 能力，即胜任某项工作的主观条件，包括技能、潜能等。这是执行力第三要件。

第三要件强调执行力的定位问题。执行力是一种能力，而不是其他。

二、狭义执行力和广义执行力

为准确、客观、全面地理解执行力，笔者将执行力划分为狭义执行力和广义执行力两个层面，以便于人们进行界定和定位，更好地发挥执行力的作用。

（一）狭义执行力与广义执行力比较

狭义执行力，又称刚性执行力，纯粹执行力。它是在执行力定义基础上，从纯粹执行的个体角度来界定执行力。狭义执行力强调执行者要坚决完成任务。

广义执行力，又称柔性执行力，体系执行力。它是在狭义执行力基础上，从执行体系的整体角度来界定执行力。广义执行力强调给执行者创造更好的条件。

狭义执行力的主要特征：强硬性、服从性、局部性、战术性、个体性。

广义执行力的主要特征：柔软性、能动性、全局性、战略性、整体性。

狭义执行力的使用：狭义执行力一般在员工执行和完成具体工作时使用。例如，考察新厂址、参与投标、进行专项商务谈判等。

广义执行力的使用：广义执行力一般在领导者为执行员工提供必要保障时使用。例如，创造驱动力、必要培训、提供必备物品等。

（二）学习应用指导

狭义执行力和广义执行力，在学习和应用中要注意以下三点：

(1) 狭义执行力和广义执行力各有优势，要充分发挥优势，解决实际问题。有些问题，比如整治秩序、紧急任务等方面，就需要强硬的狭义执行力解决；有些问题，比如人际谈话、员工生活等方面，就需要柔性的广义执行力解决；有些问题，比如执行关键任务、打通快速通道等方面，既需要狭义执行力 (绝对服从、执行到底等) 解决，又需要广义执行力 (必要培训、必要准备等) 的配合，二者缺一不可。

(2) 由于狭义执行力更偏重于个体，因此在本篇后面内容的学习中，可将执行力素养、执行力心态等内容并入狭义执行力。

由于广义执行力更偏重于整体，因此在本篇后面内容的学习中，可将执行力的四种力量等内容并入广义执行力。

(3) 狭义执行力和广义执行力只是侧重点不同，不能完全分割开来。在企业实战中，往往是狭义执行力中有广义执行力、广义执行力中有狭义执行力，二者互相渗透、互相影响，形成一个完整的执行体系。

第三节 好的执行力标准

怎样判断执行力的好坏，什么样的执行力才是好的执行力，有以下几条参考标准。

一、准确完成目标

执行者按照领导者和工作要求，准确地完成工作目标，是好的执行力的第一条标准。

在执行力实战案例中，由于员工没有完整、准确地领会领导者意图或工作要求，出现偏离方向、偏离目标的情况，造成事与愿违、事倍功半的结果。这方面的内容和案例，在本篇第八章“执行力的四种力量”之中“精确执行力”部分有具体说明。

二、参与三方满意

执行的过程和结果让领导者、执行者、关联方（客户、服务对象、协作者等）满意，是好的执行力的第二条标准。这也是检验好的执行力的关键尺度。

三、提升团队士气

好的执行力，是经过数次磨难、充分挖掘潜能、团队通力合作形成的，是振奋鼓舞人心、提升团队士气的结果。这是好的执行力的第三条标准。

执行力认知是执行力的导入之门。知道了什么是执行力，什么是好的执行力，应该怎样去做呢？

第七章

执行力的必要条件

CHAPTER7

执行力的必要条件，是执行者必须具备的因素，是履行执行职责的前提。没有或缺少执行力的必要条件，执行力会大打折扣，甚至无从谈起。

执行力的必要条件包括两项内容：第一，执行力素养，第二，执行力心态。两个条件缺一不可，形成一个完整的内容体系。

第一节 执行力素养

执行力素养是执行者必备的职业素养。职业素养是职业内在的规范要求，是在职场中表现出来的综合品质。

必备的职业素养包括清晰的职业目标、优质的职业品格、优秀的职业习惯三项内容。

一、清晰的职业目标

有了清晰的职业目标，就有了职业方向，有了工作动力。知道自己该做什么，在做什么，为谁而做。制定职业目标，主要经过三个步骤：

(1) 设定未来职业锚。职业锚是抉择工作时内心深处最看重的内容。设定未来职业锚，具有长远目标和职业方向。在设定未来职业锚时，要做好以下三点：第一，考虑人生目标和个人喜好；第二，进行自我分析；第三，观察预测未来趋势。

(2) 设计职业规划通道。职业规划通道是实现职业目标的方法、步骤、渠道。按照目标系统、主体系统、助推系统、动力系统、轨道系统设计步骤要求来完成职业规划通道的设计。(笔者所著《管理模型与人生思索》一书中关于“职业规划助推器模型”对此内容步骤做了详细介绍。)

(3) 职业目标从岗位起步。职业目标要与所处工作岗位紧密关联，从目前的岗位开始行动。企业应该制订“员工成长计划”，可以为员工提供有力的职业援助。

调查企业的人力资源负责人，获得两条重要信息：第一，在面试中询问被面试者的职业生涯规划，作为录用的重要条件；第二，企业中的优秀特质员工，往往都有清晰的职业目标。

是否具有清晰的职业目标，不仅是一个优秀职业经理人、一个优秀执行者的素养要求，也是一个普通员工、再就业者的生存之道。

二、优质的职业品格

职业品格是一个人的品行在职场中的呈现，是职业素养的核心内容。这里从个人品格和职务品格两个方面，分析十项优质职业品格。

（一）个人品格

个人品格是指个人品质。优质的个人品格主要包括担当、诚信、感恩、适应、奉献五项内容。个人品格五星图，如图 7–1 所示。

图 7–1　个人品格五星图

在这个五星图中，如果按照魂、心、身的顺序排列，得出这样的公式：

担当之魂 + 诚信和感恩之心 + 适应和奉献之身 = 优秀的个人品格（之神）

1. 担当

担当是五星之首、品格之魂，勇于担当的人与一个没有担当的人有天渊之别。来看一个真实的案例。

十五年前，笔者得了一场病，当时怀疑是胰头癌。有些医学常识的人会知道，胰腺癌是癌症之王，胰头癌是王中之王。那段时间，笔者心情非常糟糕，对人生的理解仿佛也大彻大悟。

在强烈的求生本能驱使下，我拿着一摞检验资料（化验单、B超报告等），到一些大医院找专家看病，希望尽快得到确诊和医治。

到了第一家医院，A专家望着我慢条斯理地说："要说癌症呀，跟遗传因素有关，跟生活习惯有关，跟环境因素有关，跟工作性质有关……"看了半天病，说了半天有关。他说的是什么话，正确的废话！

到了第二家医院，专家B眼睛都不抬地说："你先挂个号（我已经挂号），我给你开检验单，检查完了再来找我。下一位患者请进来……"他说的是什么话，程序的废话！

到了第三家医院，专家C望着我面露难色地说："你的病真的不好说呀，确实不好说，真是不好说……"他为什么不好说？怕担责任！他心里想的是：说错了，属于误诊呀，这还了得；说错了，耽误自己职务晋升呀，熬了好多年就等这一天，平平安安别惹事吧；说错了，病人要是想不开，突然卡住自己脖子怎么办……

在几个月的时间里，我花费很多时间，看了许多医院和专家，得到的是一个未知结果，心情非常糟糕。办事情不怕句号，就怕问号。没有音信，没有结果，说官话套话，走所谓的流程，其实质是不愿承担责任。（笔者在《管理模型与人生思索》一书中，把这种现象称作"塔玛拉现象"。）

在近乎无望的时候，我又到了一家医院，一个外科副主任医师说了两句话，让我终生难忘。第一句："小伙子，根据我的经验，你不是胰腺癌。"第二句："要是胰腺癌，我能给你治！"当他说完最后一句话的时候，我的眼泪都快出来了：这是一个多么富有责任和担当的大夫。他把我最担心的问题（担心患癌，担心患癌后不能治疗）给解决了，我有一种再生的感觉。

这是一个勇于担当的人。与前面那些冠冕堂皇、废话连篇的"专家"形成鲜明的对照，在灵魂上有天渊之别。

在企业实战中，也会出现勇于担当的矫健身影，也会出现不敢担当的鄙夷劣痕。担当的本质是无私，担当的本质是责任。让勇于担当的人大有作为，让不愿担当的人失去位置。无论是执行力，还是领导力，勇于担当的品格是必不可少的。

2. 诚信

诚信是为人之本，诚信是素养之根。一个人的诚信出现了问题，影响的不只是他的口碑，还会影响他的前途，影响他的终身。

成人如此，孩子也是如此。我们一起来温习一个熟悉的案例。

某地一所远近闻名的小学校招收优质生源，校长给参加报名的学生发了几粒黄豆，说："同学们，回去后学种豆芽吧，谁种的豆芽又高又好，学校优先录取谁。"

一周之后，一些同学兴高采烈地端着豆芽成果给校长看。校长看完这些豆芽说："长得不错呀。"一些同学情绪低落，校长问他们："你们种的豆芽在哪里？"他们说："我们费了好大劲，可是就是种不出豆芽，心里很难受。"

校长抚摸着这些孩子的头，面对全体学生和家长说："大家听好了，没有种出豆芽是正常的，种出豆芽是不正常的。我给你们发的黄豆都是加工过的，不可能种出豆芽来。"

接着，校长抬高声音说："诚信是孩子的第一美德，我们学校就是要把诚信的孩子招到学校中来，如同优质黄豆种子，在这里生根发芽，开花结果……"话音未落，开始情绪低落的孩子欢呼雀跃起来，而刚刚还是兴高采烈的孩子和家长变得无地自容。

这个案例虽已久远，但揭示的诚信主题却没有改变，而且赋予诚信新的内涵。

在充满信任危机的环境下，一些人将诚信视为"脑残"，把处处算计、防人之心当成生存之道和智慧的体现，在人与人交往中筑起高高的防火墙。这些问题有着深刻的社会背景，也有着历史的积淀和个人轨迹。

面对诚信危机的深层次问题，有两点需要说明：

第一，危机危机，是危险更是机会。当人们普遍摒弃诚信的时候，你更应该坚守诚信，这就是机会。抓住机会，成就自己。

第二，以诚相待，必有回报。天气虽有风雨雾霾，但是晴天还是本色。用诚信会换来你所需要的，甚至可能会超出你的想象。

在企业中，诚信是经营之道，诚信是用人之本。一个员工是否诚信，是执行力素养的关键因素，甚至可以作为人员考察的否决指标。

3. 感恩

具有感恩之心是人的基本品格。我们先看下面的感恩故事。

一位年迈的母亲被亲生儿子背上山，要抛弃到荒山野岭。一路上母亲不停地折下树枝丢在路上。儿子觉得奇怪，询问母亲为什么这样做。母亲回答说："为了让你认识回家的路。"

儿子"扑通"一下跪在母亲面前，不停地抽自己嘴巴，说："娘，儿子不是人，原谅我，我要一辈子对您好，相信我。"说完，把母亲背下山去，孝敬终生。

感恩是用真诚之心去报答和感谢别人，是对给予自己的帮助所产生的一种亏欠心理。感恩是一种大智慧，在一个懂得感恩的人身上，能辐射出高贵的职业品质；在一个充满感恩的氛围中，每个人都会获得收益。这种收益，不只是金钱、物质那样狭义。

企业要招聘有感恩之心的员工入职，要培养熏陶员工的感恩之心。员工与企业之间、员工与领导者之间、员工与员工之间、员工与家属之间、员工与客户之间，都要彼此感恩。只顾自己索取、不懂得感恩的"白眼狼"，企业要及早设法清除出去。

4. 适应

适应即对环境的适应性，是一个人品格的重要体现。尤其是在瞬息万变、高速发展的信息时代，适应性已经成为众多企业的用人标准，也是执行力素养的重要体现。

适应性可以从以下两个方面理解：

(1) 按照达尔文“物竞天择，适者生存”的理念，适应性是人们的生存之道。

(2) 适应企业、适应岗位、适应变化，是考察一个优秀职业经理人的重要条件。

笔者在一家 IT 集团公司经历过这样一件事情：

一批新员工入职后，人力资源部张经理安排新员工帮助其他部门搬家，从二楼搬到三楼。新员工把办公桌刚搬到三楼，听到张经理喊：“把办公桌再搬回来，这个办公桌放在二楼。”新员工刚把办公桌搬到二楼楼道，又听见张经理喊：“把办公桌搬回三楼吧，是我记错了。”于是又搬回三楼。一张办公桌，来回搬了多次。事后，有几个员工提出辞职，其原因是，他们认为这家企业的管理太随意，一点儿不正规，在这里不会有什么发展。

笔者事后与张经理谈起此事，她这样回答：“故意安排新员工搬家，反复‘折腾’，以考察新员工的适应能力。如果这点变化都适应不了，就根本不适合在我们 IT 公司工作。”

不管这位经理考察新员工的方式是否妥当，但有一点需要引起特别注意：一个员工的适应能力，无论对企业，还是对员工个人，都非常重要。

适应性可以放在职务品格中，也可以放在能力当中。基于变色龙动物的天性和适应性的特殊作用，将其列入个人品格。

观察周围的人群，会发现这样一条规律：有的人适应性强，有的人适应性弱。适应性强的人，不但能生存，还能发展，最后出类拔萃。适应性弱的人，会举步维艰，甚至最终丢掉饭碗。因此，要把适应性强弱作为个人品格的重要元素。

5. 奉献

奉献与索取是一对相反的概念。有的人只知道索取，不知道奉献；有的人只知道奉献，不知道索取。

奉献是一种无私，奉献是一种牺牲，奉献是一种高贵的个人品格。

员工对企业的奉献，体现在超额完成工作而不计报酬，体现在企业艰难时刻（发不出工资等）的理解和积极工作，体现在以企业大局为重、牺牲个人局部利益，体现在与企业共渡难关、风雨同舟的坚定决心。

以上从担当、诚信、感恩、适应、奉献五个方面，分析说明了五种优质的个人品格。这五种品格集魂、心、身为一体，构成优质个人品格的神韵模型。

（二）职务品格

职务品格是指所担任职务和所在岗位的品质要求。优质的职务品格主要包括操守、敬业、协作、创新、稳定五项内容，职务品格五星图，如图 7-2 所示。

图 7-2　职务品格五星图

在这个五星图中，如果按照头、臂、根（腿）的顺序排列，得出这样的公式：

操守之头 + 敬业和协作之臂 + 创新和稳定之根（腿）= 优质的职务品格之身（躯）

1. 操守

操守，即职业操守。职业操守是指职业活动中必须遵守的道德底线和行业规范，是对社会、企业承担的道德、义务、责任。不管从事何种职业，都必须具备良好的职业操守。职业操守包括下列五项内容：

(1) 诚实工作。诚实工作是每个员工的基本责任。诚实工作是指在工作计划、工作汇报、工作执行、工作检查等整个工作过程中，诚实守信，不弄虚作假。

(2) 遵守法规。遵守国家法律法规，遵守行业规定，遵守公司制定的规章制度，遵守相关政策规定。不接收回扣、红包、好处费等。

(3) 保守机密。保守公司的商业机密，对于公司未公开的财务数据、新产品计划、重大人事变动、准备实施的收购和转让等内幕信息，不过失泄露，不故意透露，特别是不能透露给竞争对手。

(4) 资产安全。公司的办公设备、办公用品、知识产权、技术资料和其他资源等，属于公司资产。要保证这些资产安全，保证这些资产用在工作上。

(5) 职业忌讳。职务忌讳是指利用职务之变谋取私利，或做出违反本职业行规的举措。例如，采购者收取回扣，律师两头通吃，等等。

一个人的职业操守出现问题，从根子上就已经烂掉了，职业素养、执行力素养就成为空中楼阁，空谈而已。

2. 敬业

敬业是指对自己所从事职业的热爱和投入。敬业是职务品格的核心要素，一个人是否敬业，主要看下面三项内容：

(1) 看态度。敬业是一种态度。敬业是对职业的热爱、职业的奉献、职业的忘我。

(2) 看投入。敬业是一种投入。敬业是时间的投入、精力的投入、感情的投入。

(3) 看绩效。敬业用绩效来衡量。看工作业绩、看工作效率、看工作结果。

敬业态度是敬业的前提条件，敬业投入是敬业的主要表现，敬业绩效是敬业的结果检验。上述三项内容只有同时具备，方可称得上是真正的敬业。缺少其中任何一项内容，都不是真正的敬业。

依此，就可以把职场当中的所谓“敬业”人群区别开来，有效地解决“表里不一”或“看人走眼”的矛盾。

3. 协作

协作，通常是指员工与部门之间、员工与员工之间、部门与部门之间的协调配合。这里所称的协作，主要是指一个人的协作意识，即协作的意愿觉察。这是职务品格关键的要素。一个人如果没有协作意识，或者协作意识淡薄，势必造成职务品格的重大缺陷。

协作意识主要通过下列问题进行考察：

(1) 在工作职责没有界定，或者界定不清，或者职责交叉的区域，是否主动完成这些工作。

(2) 在协作配合过程中，是否充分考虑到他人的困难和感受，是否主动为他人承担更多的工作内容。

(3) 是否觉得 1+1>2，是否觉得协作是发挥资源整体优势的唯一选择。

通过上述三个问题的考察，就可以得出一个人协作意识强弱的结论，以此来判定协作的职务品格。

需要特别警觉的是，对于没有协作意识或协作意识弱的人，在招聘时就要拒之门外。道理很简单：一个不懂得协作或者不愿意协作的人，除了闭门造车的狭隘，就是更多的自私和贪婪。

4. 创新

创新是职务品格的重要体现。创新的核心是思维，创新的关键是改变。这里所称的创新，是指运用创新思维，在观念、环境、业绩三个方面有较大改变。

创新思维是一种新颖、独特的创造性思维。创新思维有两层含义：一是具有敏锐的创新意识，二是具有系列的思维方法。运用创新思维会带来以下三个方面的改变：

(1) 观念的改变。改变过去一些陈旧、落伍甚至引以自豪的观念，跟上时代进步、跟上企业发展，敢于大胆设想、大胆突破、大胆创新。

(2) 环境的改变。改变现有工作中的方法、流程、工具等环境内容，寻求更先进、更科学、更高效、更适合的新工作环境内容。

(3) 业绩的改变。实现业绩创新，不断突破业绩指标，实现业绩的快速增长，将创新改变结果真正落地。

一个企业没有创新，很快就会被市场淘汰；一个人没有创新，很快就会落伍时代。创新的职务品格，既是一种观念和思维的突破，也是一种蓬勃向上的势头，引领执行力提升、落地。

5. 稳定

稳定即稳固安定，这是职务品格的保障因素。这里所称的稳定，是指工作者在心理状态和工作状态两个方面保持稳定。

(1) 心理状态的稳定。工作者的心理状态平稳、理性、波动性小、正能量充足，是职务品格的第一个保障因素。心理状态不稳定、情绪波动大、遇事自控力弱，会给工作带来负面影响，有些甚至是致命的。

(2) 工作状态的稳定。这里所称的工作状态，是指工作过程和工作变动两个方面。在工作过程中，忽快忽慢、忽左忽右，缺少计划，会严重影响工作质量并带来其他消极影响。在工作变动中，频繁跳槽，这山望着那山高，稍不如意就离职，也是工作状态不稳定的一种表现。

心理状态不稳定，会给企业带来不必要的麻烦；工作状态不稳定，会让企业没有安全感。因此，稳定才是企业所需要的，甚至是迫切需要的优质职务品格。

高昂“操守”之头，张开“敬业”和“协作”双臂，立足“稳定”和“创新”之根，构成优质职务品格的肢体模型。

个人品格和职务品格构成了完整的职业品格，是职业素养和执行力素养的核心内容。

三、优秀的职业习惯

职业习惯是指长期从事某种职业而养成的职业行为。优秀的职业习惯是建设一流职业化队伍必不可少的条件，也是优秀职业品格的重要体现。

优秀的职业习惯有很多方法、很多内容，这里重点介绍复命、PDCA、系统思考、61秒员工四种职业习惯。

（一）复命

一些关于复命的理论，将复命解读为对领导信息的反馈，此种定义还不够完整。复命是指对领导安排工作的信息回复，包括信息核实、进程告知、结果反馈三个步骤。

1. 信息核实

信息核实也称为信息复述，是指对领导者发出的信息进行核对落实。员工在接受领导任务信息后，首先要进行信息核实。信息核实的主要作用是避免出现沟通误差，导致方向性错误。

例如，领导安排司机去接张总后（已经说明时间、地点、人物），司机马上要进行信息核实："好的，明天中午11点，我到××大厦大堂门前，去接张××总经理。"

信息核实最好是口头复命，也可以采用微信、短信等。在员工发出信息核实后，领导一般有三种态度：

第一，对信息进行肯定。员工接到领导"是""对""OK"等肯定信息（语言）后，就去执行任务。

第二，对信息保持沉默。员工没有接到领导信息（或没有表态），员工也可以去执行任务。在执行当中，需要特别关注领导有无最新信息。如果有最新信息，要按照领导最新要求调整工作；如果没有最新信息，就将此项工作执行到底。

第三，对信息进行更正。员工接到领导更正信息后，如更正时间、地点、内容等，按照领导更正后的信息去执行任务。

造成信息更正的原因有两条：一是员工和领导之间的沟通出现了偏差；二是领导临时调整了任务内容。员工按照领导最新更正信息去执行任务，体现了信息核实的功能和最佳效果。

2. 进程告知

进程告知，是指员工将交办任务的进行程度及时告知领导。进程告知的主要作用是让领导及时掌握任务进度，以便及时做出调整。

例如，司机接到张总后，开到高速路上给领导复命，进行进程告知："领导，张总已经准时接到，现在 ×× 高速路段，遇到堵车，估计晚 1～2 小时到公司。"领导收到信息后，就可以根据情况进行调整（如改变午餐时间，加入其他工作内容，等等）。

3. 结果反馈

结果反馈，是指将最终的执行结果反馈给领导。结果反馈是员工复命的最后一个环节，也是最重要的环节。结果反馈的作用，就是回复和检验领导交办任务的执行结果。

例如，司机接张总到公司楼下，立即向领导进行结果反馈："领导，张总已经接到楼下，5 分钟后到您办公室。"

复命是一种优秀的职业习惯，也是对企业员工素质和管理规范化的一种检验。养成复命习惯，对于提升员工素质、提高工作效率、提升企业形象有很大帮助。

（二）PDCA

PDCA 又称戴明（美国著名质量管理专家）循环，最早应用于质量管理领域并取得显著成效，后来广泛应用于企业管理和日常生活。PDCA 发明至今已有近 70 年，但仍然发挥着重要作用，成为基础管理工作的一个原始而有力的工具。

PDCA 即计划（Plan）、执行（Do）、检查（Check）、处理（Act）。

PDCA 应用于职业习惯，形成良好的工作要件和循环发展，是优秀职业习惯的一种呈现。

PDCA 内容已广泛应用于管理领域，不再赘述，这里仅将 PDCA 应用于职业习惯的一些注意事项，在几个环节进行强调说明。

(1) 在总体环节，要依次按照计划、执行、检查、处理四项要求进行工作。逐渐适应，会收到事半功倍的效果。

(2) 在计划环节，要想明白“计划给工作带来哪些好处”。制订计划可以使目标更加明确、工作更有条理，特别是遇到各种突发事件时更能沉着应对。因为早有计划、早有预案，就能以不变应万变，心理更加坦然。

(3) 在执行环节，除了按照原定计划执行外，在动态中执行 (根据情况适时调整) 是一项不错的选择。避免机械、呆板地执行工作，影响执行效果。

(4) 在检查环节，除正常工作内容检查之外，还有对“个人收获和警示”的检查。通过阶段性总结和反思，列出个人成就和警示事项，勉励自我、警示未来，提升个人综合职业素养。对一些优秀的职业经理人进行跟踪，结果发现，他们均有相同或类似的习惯，值得借鉴。

(5) 在处理环节，要重视对下一个循环的影响。例如，处理网速过慢问题时，需要考虑申报资金计划批准的概率和操作等相关内容，及早做好准备。

养成 PDCA 习惯，会使你成为一个做事严谨的人，一个做事高效的人，一个做事可靠的人，为你的职场晋升增添重要砝码。

（三）系统思考

系统思考是一种整体性、结构性的思维方式，是一种优秀的职业习惯。对这种职业习惯的认知，源自众人熟知的《土豆故事》以及实战中的规律性思考。

员工 A 和员工 B 同时进入公司，员工 A 得到加薪，员工 B 没有加薪。员工 B 找公司领导询问为什么不给自己加薪 (并表明自己非常敬业)。领导没有直接回答他，而是说公司准备预定一批土豆，让员工 B 看看哪里有卖土豆的。

于是，员工B一会儿跑到菜市场，一会儿跑到领导办公室，询问和请示各种细节问题，往返10多次，汗流浃背。

领导把员工A叫到办公室，布置了同样的事情。员工A去了一次菜市场回来后，向领导汇报了各种细节、各种设想以及合理建议。最后领导对员工B说："看到了吧，为什么给他加薪而不给你加薪。"员工B顿时无语，面露惭愧，有些无地自容。

《土豆故事》是一个典型的系统思考案例，它给职业习惯提供了下列警示和借鉴：

1. 整体高度

每个职业经理人都要养成系统思考的习惯。要有整体性考虑，站在更高层面上（现在就去采购土豆，明确应该做什么，而不只是看看哪里有卖土豆的）去思考和处理问题。

2. 结构密度

广泛而有重点地（妥善处理二者矛盾）搜集信息。对于结构骨架类信息（土豆质量、价格等）要重点搜集；对于结构骨架内部的一般类信息（土豆外形、土豆运输等）要广泛搜集（细节不能忽略，有时可以影响大局）。以此增大结构密度，为决策提供基础保障。

3. 选择尺度

所谓选择尺度，是指员工要提出几种备用方案（各自说明优势劣势），然后从中选择出自己赞同的唯一方案，提供给领导，让领导圈阅；而不是给领导布置作业，让领导费力选择，形成反授权。选择尺度，既可以成为职场升迁的高速路，又可以成为职场失意的滑铁卢。

4. 角色灰度

所谓角色灰度，是指在整体系统中各种角色处理问题的最佳程度。也可以理解为，整体系统中的各种角色在黑白之间找到合适的灰度。这是本书提出的一个新概念。角色灰度对系统思维有着重要影响，其主要内容包括：灰度测量、呈现时机、场景四语、与角色认识的关系等。

在土豆案例中，主要涉及四个角色：员工A，员工B，领导，土豆经销商。土豆经销商的角色暂且忽略，其中：

员工A的角色灰度最差。其原因：第一，平时未养成系统思维的好习惯；第二，冒冒失失地质问领导。

员工B的角色灰度及格。按照系统思维的习惯办事，交上一份合格的答卷。

领导的角色灰度优秀。运用非结构案例，鼓励了员工A，警示了员工B，展现了自己的领导技能，可谓一石三鸟。

（四）61秒员工

61秒员工，是指在思考问题和处理问题时，比一般员工（60秒员工）多考虑和行动一步（1秒），抢先赢得主动的员工。例如，领导讲话中刚要喝水，已经把水杯（领导专用）端到面前；重要会议进行中突然断电，备用照明灯随即亮起来，等等。

“61秒员工”是本书提出的一个新概念，61秒员工的意识和行为，是优秀职业习惯的突出表现。培养61秒员工的意识和行为，可以从以下三个方面进行尝试。

1. 超前意识培养

61秒员工的超前一秒，是主观意识的一种体现，这种主观意识可以通过“领导力前瞻性训练”进行培养。

在“领导力前瞻性训练”中有这样一个问题：你开车去加油站为了什么？

如果你回答“去给车辆加油，保障车辆正常行驶”，那么你是一个优秀的执行者，是60秒员工。

如果你回答“加完油，赶紧去办××事情”，那么你是一个优秀的领导者，具有超前意识，是61秒员工。

在工作中也是如此，如果你只想到努力完成任务，是60秒员工；如果你想到完成工作之后的下一步，或者出现特殊情况怎么办，就是61秒员工。

61秒员工的超前意识，是在不断训练和不断实践中产生、移动、固化的，具备了这种超前意识，就具有了61秒员工的“天赋”。

2. 熟悉掌握规律

任何事情都有其固有的规律性，比如，刮风打雷天将下雨，面露愁容可能遇到难事，等等。生活中如此，工作中也是如此。

例如，在办公例会中，有些领导讲话后喜欢做概括总结，有些领导讲话后喜欢离场让大家自由讨论，有些领导讲话后喜欢征求众人意见，有些领导讲话后要求立即看到会议纪要，等等。

熟悉和掌握了领导的一般规律后，就可以有针对性地做好准备，争取主动，做61秒员工。

3. 准备应急预案

这里所说的应急预案，是指为完成某项工作任务而准备的应急方案。例如，计划在露天场所举办公司庆典，要准备一套室内预案，以防天气变化而耽误庆典正常举行。

在实际工作中，员工要把将要出现或可能出现的问题考虑周到，做好必要的准备（人力、财务、物品、信息、交通工具、媒体联系等）。这样就能有备无患，成为61秒员工。

4. 环顾能力训练

环顾能力，是本书提出的又一个新概念，是指兼顾周围环境、快速做出正确反应的能力。

在日常生活中，一些犯罪分子经常利用人们环顾能力较差的弱点，进行犯罪活动。例如，当你在ATM机取款时，有人拍你肩膀跟你对话，或用其他方式分散你的注意力。当你回头时，旁边的另一个犯罪分子趁机把你的银行卡偷走。

还有，女性开车，遇人拦车并胡搅蛮缠。当她出车跟他理论时，另一个人趁机拉开车门，把她的包包偷走。

进行环顾能力训练，能增强人的全局意识，在完成工作任务中，不能轻易被周围环境因素（阻碍工作正常进行的各种干扰因素）所左右，并迅速做出判断和反应。

有这样一种训练方式：考官出30道题，让学员笔答。第1题是问公司产品的功能，第2题是问公司的理念，第3题是将英文翻译成中文……。最后一道题是什么？让学员写出自己名字的最后一个字，前面的29道题就不用回答。

通过各种类型的环顾能力训练，把员工从专注一处的“点思维”转移到有点有面的“面思维”，培养61秒员工的意识和技能，养成优秀的职业习惯。

瞄准清晰的职业目标，修炼优质的职业品格，养成优秀的职业习惯，就具备了良好的执行力素养，为执行力创造了第一个必要条件。执行力素养是执行力的生命之根。

第二节 执行力心态

执行力心态，指在执行之前和执行过程中的内心想法和心理状态。

执行力心态是执行力的前提，是执行力的必要条件。执行力心态出现问题，执行力就无从谈起。在企业实战中，执行力心态往往被忽视，或者没有单独提炼出来进行分析，严重影响了执行效果。

一、执行力的四种心态

执行力心态涉及很多因素，常规内容如主动心态、阳光心态等。抛开这些常规内容，针对企业实战中频繁出现的突出问题，在心态方面进行了集中整理和规律性提炼，形成了执行力的四种心态。具备了执行力的四种心态，才能成为一个好的执行者，完成执行目标。

执行力的四种心态包括角色转换心态、执行到底心态、执行素养心态和执行为己心态。

（一）角色转换心态

角色转换心态，是针对执行者没有摆正自己的位置而实现角色转换的心态。

如何实现角色转换，就是要“变主人为仆人，变设计为施工”。

执行者不是主人，执行者是“仆人”；执行者不是设计师，执行者是工程师。

在本篇案例五中，那位高级管理人员没有把自己摆在“仆人”、工程师的位置，而是把自己摆在主人、设计师的位置，执行力心态出现了严重偏差，要尽快进行角色转换。

也许那位高级管理人员会想：“我才不伺候你（公司）呢，此处不留爷，自有留爷处，换个新公司，比这里强得多。”很多案例表明，如果你总是抱着主人和设计师的心态去工作，没有将心态调整过来，就不会有你的立足之地。

也许有人会想：员工才是企业的主人，企业要人性化管理，要鼓励员工关心企业，为企业提出各种合理化的建议。如果员工都成了“仆人”，都成了工程师，企业文化何在？员工主动性何在？人性尊严何在？

这里所说的角色转换，主要是针对狭义执行力。狭义执行力是刚性执行力，纯粹执行力，它强调的刚性和结果；而前面的问题涉及广义执行力，需要从战略上、整体上进行考虑，需要更深入的探索。

不管怎样探索，企业最终关注的是效益。因此，角色转换心态，无论是企业高级管理人员还是各级员工，都要引起高度关注，避免职业通道出现太多弯路，而自己却不知原因何起。

（二）执行到底心态

执行到底心态，是抱着“不达目的誓不罢休”的信念，用坚定的信念和顽强的毅力完成任务。

执行到底心态，需要注意以下四点：

第一，向着目标走，不要受干扰。

在执行过程中，往往遇到与执行目标不相关的事情干扰，可能忙于应付，或者忽略、忘记了执行目标。执行者心里要有指南针，学会排除干扰，向着既定目标前进。

第二，死盯各环节，一直到目标。

执行力各个环节都要死死盯住，甚至亲历亲为，及时发现和处理各类问题及突发事件。在一些合作项目、委托事件中，甚至可以采取死蹲死守的方法，一直到目标完成为止。

第三，工程要分解，工作出成效。

不要想一口吞下一个馒头，而是要一口一口地吃。吃下整个馒头是一个工程，吃的每一口是一项工作。在执行的任务中，有的周期长、工作量大、涉及因素多，要把它当成一个“工程”，而不是一项“工作”。要把整个工程分解到每一项工作当中。这样，完成每一项工作，都能见到明显的成效，距离目标也更近一步，从而提升完成整个工程的信心。

第四，智慧和保证，不能忽略掉。

在坚定的信念和顽强的毅力下，运用必要的智慧和灵活的方法，可以事半功倍，更快地完成执行目标。同时，执行过程中的保证事项（必要的人和物、其他准备等）充分，可以坚定执行到底的决心。

（三）执行素养心态

这里所说的执行素养与前面提到的执行力素养不是一个概念，二者要区别开来。执行力素养是一种综合品质，执行素养是一种界定态度。

执行素养心态可以界定为两句话：领命不提条件，失败不找借口。

1. 领命不提条件

执行者在接受任务时，不向领导提出有关情况说明、信息准备、待遇报酬、场地考察、索要资源等各类条件，而是自己想方设法创造条件去完成任务。

在本篇案例六中，市场部经理在发言中，没有“领命不提条件”的意识，强调这个问题，强调那个问题，最后被总经理一句话堵住：“没有问题，让你来做什么？”直接点中要害。

案例后续的细节可以想见：散会后，一些参会者会说，市场部经理不懂规矩，职业经理人是来帮助企业解决问题的，而不是来提出问题的。

这位市场部经理却丝毫没有意识到自己错在了哪里：“我是为企业好，在为企业考虑呀，为什么大家都不满意？”殊不知，他到公司后，没有及时进行角色转换，把自己当成了设计师而不是工程师。在第一种心态（角色转换）上，也出现了问题。

执行者不是设计师，执行者是工程师。要领命不提条件，失败不找借口。

2. 失败不找借口

执行者没有完成执行任务，一些人强调各种客观因素，把责任推给别人，寻找这样那样的借口；一些人从主观寻找原因，把责任揽在自己身上，执行素养心态形成鲜明对比。

失败寻找借口的人，有下列一些心理特征和表现方式：

第一，自私。这类人不愿承担责任，把个人利益看得高于一切。不管什么事情都把自我排在第一位，一旦与个人利益发生矛盾或冲突，会想尽一切方法维护自身利益，不顾他人和大局，甚至有时表现得歇斯底里，呈躁狂状态。

第二，恐惧。这类人一般都有心理障碍，恐惧感比一般人要强烈得多。担心没有完成任务受到惩罚，担心今后发展受阻，担心事实真相被人戳穿，等等。

第三，无能。这类人由于能力欠缺导致做事力不从心，或者经常把事情搞砸。这类人无能而妒能，看到别人比自己能力强，心理失去平衡，把责任推给别人，是其中一种表现形式。

第四，谎言。这类人说谎话不眨眼睛，编造各种谎言推诿、隐瞒、欺骗，甚至为自己寻找一些“合理证据”，达到不良目的。

与此心理活动相反，失败后积极面对、勇于担当和真诚奉献，是执行素养心态的基石。由此，将职场中的“能人”和“庸人”区别开来。重用能人，剔除庸人，让执行者的心中牢固树立这样的理念：失败不找借口。

（四）执行为己心态

执行为己心态，是指执行者具有“执行为自己”的意识和驱动力。

1. 执行为己心态的产生背景

执行为己心态可以说是“同舟共济心态”的升级版（笔者命名的一种心态）。同舟共济心态是指执行者要和企业站在一条船上，患难与共、同舟共济。同舟共济心态的背后是员工利益与企业利益的关联，既要求员工树立与企业同呼吸、共命运的理念，又要求企业关注员工利益，把企业利益与员工利益紧密结合起来。

但是随着时代发展，特别是“80后”“90后”新生代员工成为企业主体，价值观发生了很大变化，他们会更加自我、更加独立地思考问题：凭什么要求我跟企业同舟共济？我跟企业同舟同济了，企业跟我同舟共济吗？他们更关注对自身利益的影响，更关注现实的利益。

在这样的背景下，笔者改变思维模式，将原来的“同舟共济心态”调整为“执行为己心态”，与原有的角色转换心态、执行到底心态、执行素养心态统称为执行力的四种心态。

2. 执行为己心态的主要内容

执行为己心态的思维主线是：思考“执行工作对自己有哪些好处”，主要内容包括两个方面：第一，可以获得“四维好处”；第二，可以“心智养生”。

来看一个场景案例。

领导给A部门的员工安排了一项“三不工作”，即谁都不愿意干、谁干都不好干、谁干都得不到好处。面对这样的一项工作，应该以什么样的心态去执行呢？

按照常规思维，员工在执行心态上是消极的、被动的。用“执行为己心态”的“四维好处”去思考，效果如何。

“四维好处”是指从上（领导）、下（下级或同级）、左右（其他部门或客户）、中心（执行者自己）四个维度思考给自己带来的好处。

可以这样想，如果执行并出色完成这项工作，会给自己带来下列好处：

第一维度，领导说你好。你完成一项艰巨任务，领导有面子、有业绩，他会说你好。

第二维度，部门员工说你好。你完成这项艰难工作，为部门分担了忧愁（总要有人去做），部门员工认为你仗义，困难时刻能挺身而出，他们会说你好。

第三维度，其他部门（或客户）说你好。你解决了这项难题，为下一个流程的其他部门提供了方便。同时，客户可以回去跟领导交差了（你完成了这件事情），他们都会说你好。

第四维度，自己说自己好。增长经验财富，挑战自我潜能，展示自我成就，在众人面前面子十足。

四个维度都说好，这样的好事，当然去做。执行心态不一样了，主动性更强。

3. 心智养生

人生两件宝，千金难买，万金不换。第一件是健康的身体，第二件是良好的心态。

人们为了健康的身体，可以采用“身练”的方法，如跑步、登山、游泳，去健身房，等等，即“自己折腾自己”，达到健康的目的。

人们为了健康的身体，也可以采用“心炼”的方法，即自己折腾自己的心智。比如，做一些艰难的事情、受委屈的事情、费力不讨好的事情，在心智上进行磨炼，达到健康的目的。

这种磨炼心智、促成健康的做法，我们称之为“心智养生”。

心智养生的理念，颠覆了传统的心态养生理念（笑一笑、十年少等），具有里程碑的意义。在职场心态实践中，收到非常好的效果。美国心理学家霍华德·弗雷德曼有工作养生理论，而本书“心智养生”的观点恰与此理论不谋而合。

按照心智养生的理念，上述场景案例中的执行者，如果去执行并出色完成任务，除了收获四维好处之外，还利于健康。

世上不是没有机会，而是缺少发现机会的一双眼睛。这双眼睛一只是认知，一只是心态。

当执行者用执行为己的心态去思考问题时，就会产生动力，产生责任，以更加积极和敬业的姿态去执行任务，出色完成工作。

4.补充说明

关于执行为己心态，有几点补充说明：

第一，执行为己的心态，不是引导员工处处为自己考虑、事事为自己着想，而是在服从企业大局、增强团队观念的基础上的一种心理暗示方法。

第二，个人与企业和团队相比，是非常渺小的。只有把个人融入企业和团队之中，才能显示出真正的威力。

第三，执行为己心态是企业获利、执行者获利、执行团队获利“三赢心态”的结果呈现，离开任何一方都不会获得成功。

第四，执行为己心态在思考方向上进行了大胆尝试，是一种现实、简单的思考方法。

在具体应用时，可以触及一点（好处），也可以触及多点（好处），引发执行者以积极、乐观的心态，理性、负责、优质地完成任务。

二、良好的职业心态

执行力的四种心态是特指心态，主要针对执行力；良好的职业心态是通用心态，是指职场中的各种行为（包括执行力）所应具备的优质心理状态。

职场人员决战职场，心态决定成败。良好的职业心态对于职场人员完成工作目标、完成执行力任务具有决定性作用。

怎样才能具备良好的职业心态，从认知概念、心态认知、心态理论、心态训练四个方面谈起。

（一）认知概念

1. 有趣的认知差异

先看下列两个认知图形，如图 7–3、图 7–4 所示。

图 7–3　有趣的认知图形（一）

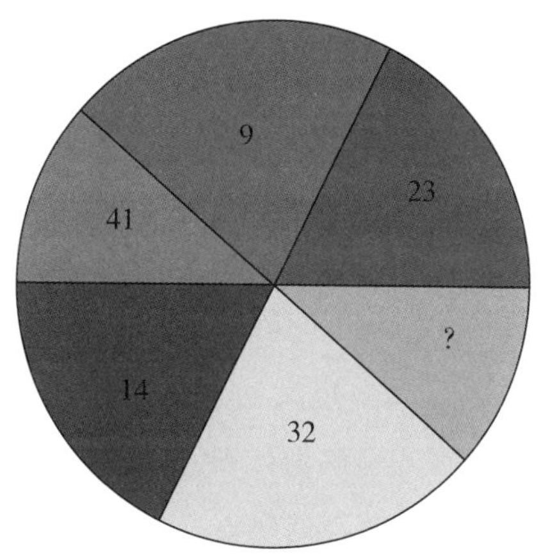

图 7–4　有趣的认知图形（二）

问题一：在图 7–3 中，你看到了什么？

问题二：在图 7–4 中，根据已经填写的 32（黄色区域），14（蓝色区域），41（橙色区域），9（红色区域），23（紫色区域），推断出？（绿色区域）的数值。

在图 7–3 中，人们会看到一个年轻姑娘，也会看到一个老婆婆。

在图 7–4 中，人们会根据已经填写的数字，推断出许多个？的答案。但很少有人根据颜色思维的方法，推断出 46（蓝色 + 黄色 = 绿色，绿色是蓝色和黄色的混合色）。这是常规思维和创新思维的差别。

以上两个图，每人的感觉不一样，每人的思维不一样，对图形的认知就不一样。

在现实中，也会发生类似的事情：

酷热的夏天到来了，多数人感到难熬受罪，而空调厂商、冷饮商家、经营露天场所的商家会感到非常兴奋。

雾霾天气来了，多数人感到很不舒服，而口罩、空气净化器商家却兴高采烈。

两个销售员去一个地方卖鞋，这个地方的人们以前不穿鞋，一个销售员认为没戏了，一个销售员认为机会来了。

失恋了，失业了，失败了，有人认为命中注定，从此消沉；有人认为机会来了，从此发奋。

以上前后两种人，可以说是利益点不同，价值观不同，看问题角度不同，但根本点是认知差异。

在认知差异上取得一致，我们称为“认知对等”。认知对等是认知升级和发挥最大效能的群体目标。

2.认知定义和四个心理过程

认知也称为认识，是指人认识外界事物的过程。它包括感觉、知觉、记忆、思维等心理现象。

四种心理现象对应着四个心理过程场景：

冬天一出门，雪花掉在手背上，凉凉的——这是感觉；放眼望去，远处白茫茫的，下雪了——这是知觉；回忆起，冬季里穿着厚厚的棉衣，雪花纷飞——这是记忆；思考一下，为什么雪花掉在手背上是凉凉的，而不是热热的——这是思维。

感觉、知觉、记忆、思维，无处不在，无时不有，构成完整的认知体系，伴随着人的心理，伴随着人的一生。

生活中，还有另一种心理现象——错觉。错觉是认知吗？它是四个心理过程中的哪一个环节？有人认为是感觉，有人认为是知觉，但很少有人认为是记忆和思维。实际上，只要知道感觉和知觉的一个重要区别就很容易判断了。

感觉和知觉相比，知觉更具有整体性，感觉更具有个体性，这是二者的重要区别。所以，错觉是一种知觉，不是感觉。例如，女人将一个熟悉的身影误认为是自己的丈夫，因为她把这个身影和自己的丈夫瞬间做了对比（整体性），于是产生了错觉。又如，一条笔直的线条，在众多杂乱线条的干扰下，看上去有些弯曲，也是人们受到弯曲线条的整体干扰后才出现的错觉。所以，没有整体，没有对比，就没有错觉，错觉是一种知觉。

认知的四个心理过程，有时单独出现，有时组合出现。知道了认知的概念和四个心理过程，对拓宽思维、调剂心理、调整心态有很大帮助。

3. 认知与良好职业心态的关系

良好的职业心态是建立在认知基础之上的，面对职场中的很多事情，如烦心、委屈、纠结等，可以通过调整自我认知的方式，促成良好的职业心态。

（二）心态认知

心态认知，是指认识到为什么来到职场，职场当中有哪些不良形态，如何将不良心态调整为良好心态的问题。

1. 为何来到职场

员工来到职场工作，一是为了生存，二是为了发展，三是为了实现自我（价值和梦想）。

2. 职场的三种心态

职场中有三种心态：一是积极乐观的心态，二是平和理性的心态，三是消极被动的心态。在这三种心态中，第一种心态和第二种心态，称为良好的职业心态；第三种心态，称为不良的职业心态。

依据情绪波动曲线，不良的职业心态主要有三种倾向：

第一，躁狂倾向。在正常的情绪曲线之上，过分冲动甚至歇斯底里等。

第二，焦虑倾向。在正常的情绪曲线徘徊，纠结烦恼、患得患失、内心恐惧等。

第三，抑郁倾向。在正常的情绪曲线之下，悲观沮丧、情绪低落等。

3. 怎样调整不良心态

以“认知”为端口，采用两种心态训练方法，这是调整不良心态、保持良好职业心态的路径。

(1) 以认知为端口。

许多事情，当我们无法改变（或经过努力无法改变）现状时，我们可以改变自己的认知，通过改变认知来调整心态——这就是认知的端口作用，也是调整心态的核心。

职场当中遇到一些烦恼、悲观、委屈等不顺心的事情时，可以通过认知的端口，采用一些方法，如目标训练、方法训练等进行调整，获得良好的职业心态。

认知不但是调整心态的端口，也是调整心态的工具和方法。将各种不良心态调整到良好的职业心态，必须经过认知这个端口和管道。

(2) 两种心态训练方法。

根据心态坐标定律（下面有具体介绍）两个维度的要求，采用目标训练法和方法训练法两种心态训练方法，把不良心态调整到良好的心态。

（三）心态理论

心态调整和心态训练，以两种理论为基础：一是 ABC 情绪理论，二是心态坐标定律。

1. ABC 情绪理论

ABC 情绪理论由美国心理学家埃利斯提出。ABC 情绪理论主要内容：一个人的“情绪结果 C”，不是由“激发事件 A”决定的，而是由“认知理念 B”决定的。于是，人们为了调整不良情绪，不是围绕这个激发事件进行调整，而是要改变自己的认知理念。ABC 情绪理论提供了“以认知为端口”的理论依据。

2. 心态坐标定律

心态坐标定律由笔者提出（笔者著《管理模型与人生思索》第四章心态坐标定律）。

心态坐标定律的文字内容表达：有目标，有方法，心态自然好。

心态坐标定律的图像内容表达：心态坐标。

心态坐标，是以目标为纵轴，以方法为横轴，形成四个心态象限，如图7-5所示。

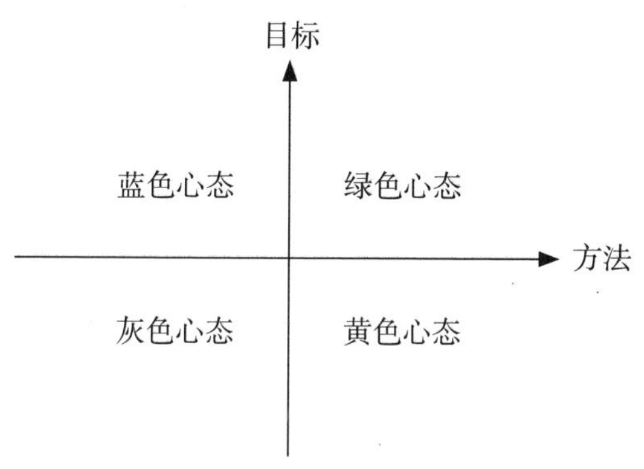

图 7-5　心态坐标图像

(1) 绿色心态：有目标，有方法。绿色心态属于良好职业心态，或称作健康心态。

(2) 蓝色心态：有目标，无方法。例如，明明知道自己有理，就是跟对方说不明白，产生急躁、焦虑等心理。蓝色心态属于方法型亚健康心态。

(3) 黄色心态：有方法，无目标。例如，这个事情自己知道怎么做，可不知道对自己有什么好处或者影响，产生困惑、纠结等心理。黄色心态属于目标型亚健康心态。

(4) 灰色心态：无目标，无方法。做事既分不清方向，又不知如何去做。属于严重患病心态。

对于四种心态的态度是：绿色心态不用去管它，保持即可；灰色心态要进行组织剥离（辞退、开除）和交友远离（远离这样的朋友）；蓝色心态要进行方法训练；黄色心态要进行目标训练。

职场中的多数人是蓝色心态或黄色心态，要通过心态训练，转化为绿色心态。

（四）心态训练

心态训练是建立良好心态的关键方法。依据心态定律坐标内容，心态训练分为目标训练和方法训练两种方式。

1. 目标训练

目标训练主要针对黄色心态。目标训练的目的，是让训练者学会“胸有大局，蔑视小事”。

目标训练有三种方向：远大梦想目标、近期重要目标、坚定信念目标。

(1) 远大目标。

编织人生梦想，制定人生规划，清晰人生目标。有了梦想，就会坚定地向着这个方向努力。人生中的一切行为都是围绕“梦想”服务的。一时的失败、失意、失落，和远大梦想比较起来，都显得微不足道。同时它们也为实现梦想积累了宝贵财富（经验），让人距离目标更近一步。

仔细观察身边接触的人会发现，有人把事情看得很轻、很淡，他们积极、豁达、从容。如果把这些人仅仅理解为性格好、修养好、脾气好，那你就错了。这些人的眼里盯着5年、10年甚至20年以后的事情，他们是具有远大志向（梦想）的人。正是因为他们心里有远大目标，才对眼前的事情看得很淡、很开，心态自然就好。

(2) 近期目标。

近期目标指在近段时间内，提前计划、准备实现（完成）的重要目标（事情）。包括近期阶段目标、近期即时目标两种。

近期阶段目标，例如，今年要参加高考，本月要填报志愿。

近期即时目标，例如，今天上午要主持婚礼，下午乘机离京，晚上签订合同。

有了近期目标，就不会被琐事、烦事缠绕，不会因为小事（与目标相比）与他人争执计较，因为心里很清楚，有更重要的事情要做，不能耽搁。于是，舍弃小事、完成大事，心态立即调整过来，变得从容、淡定。

例如，当你去赶飞机、赶高铁的途中，在地铁里有人踩了你一脚，你还会跟他理论吗？应该不会。因为你有更重要的事情（近期即时目标）要做，没有时间去理会他，你的心态自然就好。

（3）信念目标。

信念目标指人们坚定地相信一个理念、信条，以此为标准来分析和处理事情。

有这样的一个故事：一个晚期癌症病人问医生，自己的生命什么时候结束。医生指着窗外树上的一片树叶说："那片树叶落下的时候，你的生命就该结束了。"于是，一天、两天，一月、二月，一季、两季……。同一个病房的病友都先后离去，而这个病人还在顽强地活着。因为他坚信，只要那片树叶没有掉下，自己就能活着。那一片树叶，形成了他巨大的精神支柱，心态自然就好。

2. 方法训练

方法训练主要针对"蓝色心态"制定的。方法训练的目的，是让训练者学会"想得开、看得透、利于己"。

方法训练主要有"三彼得"训练、辩证法训练两种方式。

方式一：三彼得训练。

彼得·德鲁克、彼得·圣吉、劳伦斯·彼得三人皆为美国著名管理学家。笔者将他们分别提出的"短板理论""改善心智模式"和"彼得原理"三项要素，植入到心态训练当中，达到弥补短板、换位思考、理性面对失败的效果，这种训练方法称作"三彼得"训练法。

（1）短板理论。

彼得·德鲁克提出木桶定律，即"短板理论"。主要思想为：决定一个木桶盛水多少的是最短的那块木板。

在人的各种心理活动中，都有一个最担心的要害问题（要素），这个问题（要素）可以比作"短板"。如果能够解决这个"短板"问题，人的心态自然就好。

在本篇职业素养“担当”案例中，那个副主任医师（告诉笔者不是胰腺癌，如果是胰腺癌也能治疗）就是将笔者最担心的问题解决了，心态自然就好。

还有一个案例就是买卖保险。一方面，保险公司成功地抓住人们“担心遇到各种意外”这块“短板”进行经营和销售；另一方面，购买人通过购买保险解除了自己的后顾之忧。一些高级心理咨询师，就是想方设法解决咨询者的心理“短板”问题，收到了良好效果。

(2)改善心智模式。

彼得·圣吉在《第五项修炼》中，提出改善心智模式。在心态方法训练中，笔者认为改善心智模式就是改变思维方法。改变思维方法主要包含两层含义：

第一，进行利己思维。站在事物的相反方向（利己好处）考虑。如交通违章罚款，能让自己更清楚交规内容；提醒避免交通事故；了解一个地区执法力度；顺便缴纳和办理其他事情，等等。从这个角度考虑交通违章罚款问题，心态就会好许多。

在执行力的四种心态中，第四种心态（执行为己）就是这种训练模式，可以增强执行主动性和驱动力，心态自然就好。

第二，考虑对方思维。考虑对方当事人的难处和特殊情况。如遇到赶火车的人脾气暴躁，家中有危重病人时的车辆剐蹭，一个想寻短见之人的无理谩骂，等等。

在现实生活当中，我们往往无法断定对方的真实情况，但这并不重要。只要我们有“可能遇到特殊人群”的意识就足够了，心态自然平静很多。

(3)彼得原理。

劳伦斯·彼得提出“彼得原理”，主要思想为：员工在等级组织中，都趋向升到他所不能胜任的职位。在心态方法训练中，可以理解为这样两层含义：

第一，最终失败理论。如同跳高比赛一样，最终是以失败结束；如同生命，总要终结。

由于提前看到了结果，就会减轻心理压力。有一句话说得好，人生的最高境界是“哭着来，笑着走”，值得用心品味。

第二，两害权轻理论。俗话说，两利相衡权其重，两害相衡权其轻。病人为了保住生命将腿锯掉，父母为了孩子上学低价卖掉房产，等等，都是两害权轻的例子。

在课堂训练中，老师发给每个学员一副纸牌（提前安排好，不可能赢，至少输 200 点以上）。拿到纸牌后，绝大多数人输得一塌糊涂，而有一个人冥思苦想、绞尽脑汁，最后输了 199 点（排名第一），比 200 点少输 1 点，我们要的就是这宝贵的 1 点。

经过失败理论和两害权轻理论的训练者，拥有承载更大失败的强悍心理，拥有在挫折面前的宝贵自信，拥有将来成就伟业的人文特质，这些人都拥有良好的职场心态。

方式二：辩证法训练。

辩证法训练是依据唯物辩证法观点，即联系、发展、对立统一的观点进行心态训练，使训练者能客观、全面、辩证、发展地看待问题，产生良好的心态效应。

（1）客观。

客观是指防止主观臆断，尊重客观现实，实事求是地分析和处理问题。

例如，你发现家里的门坏了（门缝大，关不严）。初步查看后，认为是门板变形。于是，你从产品质量联想到少数黑心商户，心情烦闷。从商场买回密封胶条安装时，无意间用手触摸门底，结果在很隐蔽的部分发现一块小石头，将它取出后门就关严了，你的心情立刻转变。

这块小石头提醒你：遇事要认真调查，不能主观臆断。

（2）全面。

全面是指用联系的眼光，立体地、多角度地分析看待事物，防止孤立和片面性。

在“全面”心态训练中，主要进行视角训练、联系训练两个方面的训练。

视角训练：例如，从水上和水下两个不同视角观察冰山，从领导者、经理、销售员、客户四个角度看待退货问题，等等。

联系训练：分为横向联系训练和纵向联系训练两种。横向联系训练，例如，听到《难忘今宵》歌曲，想到春晚；看到水源，想到环保，等等。纵向联系训练，例如，见了树木，想到森林；看见病人发烧，想到感冒，等等。

职场当中遇到不如意的事情时，可以转变一个视角，以联系的眼光看待问题，心态就会好起来。

(3) 辩证。

辩证主要包括两层含义：一是看到任何事情都存在两个方面的关系（利与害、得与失等）；二是学会换位思考。

在心态训练中，主要进行三种训练：逆境快乐训练、顺境危机训练、知己知彼训练。

逆境快乐训练：指针对发生的一些糟糕的事情，找出积极、有利的方面，将心态从消极转化成积极的过程。例如，失业了，可以回老家照顾病重的母亲；钱被盗了，夫妻二人不会为存款使用天天吵架，等等。

顺境危机训练：指针对一些荣誉、成就、财富收入等，找到偶然、危机的因素，提醒降温，将亢奋的心态转变成平和的心态。

知己知彼训练：站在对方立场（角度）思考问题，一方面理解对方难处，另一方面知己知彼。例如，劳资换位思考，能真正促进劳资和谐；与竞争对手换位思考，知道“敌之要点，我之要点”，便于掌控全局，争取主动，等等。

(4) 发展。

发展是指看到事物在发展变化，看到矛盾是事物发展的动因。

在心态训练中，一是要学会预测变化并做好相应的准备（如原定会议临时调整后的资料准备），二是要看到矛盾对抗对事物发展的推动作用（如不打不成交的例子）。这样，才能胸有成竹、处变不惊，化解很多棘手问题，心态自然好。

鸡蛋从外部打破是食物，鸡蛋从内部打破是生命。人的心态也是如此。

当一个人遇到不顺心的事情时，总是强调外部原因，这也不行，那也不对，那么他早晚要成为“食物”，被他人、被社会“吃掉”。

当一个人遇到不如愿的事情时，总是从自身寻找原因，总结经验，吸取教训，那么他一定会成为新的自我，做出大的成绩。

相信自己，适时的认知改变，会改变职场轨迹，成就辉煌的一生。这种成功不仅是事业上的，更是心理上的自我成就。

以认知为导向，以认知为端口，通过目标训练、三彼得训练、辩证法训练，不断强化认知意识的悟性，将各种不良心态调整为良好心态，为职场工作、为执行力提供必要的心态条件。

执行力四种心态，唤起了执行者的觉醒；良好的职业心态，解开了执行者的心结。拥有良好的执行力心态，为执行力创造了第二个必要条件。执行力心态是执行力的心灵之本。

第八章

执行力的四种力量

CHAPTER8

执行力的四种力量是执行力体系的核心内容，它按照“四力”（四种力量）要求，从整体上进行布控，建立完整的执行体系，保证执行目标的顺利完成。

执行力的四种力量是指驱动力、准确力、行动力、保障力。与此相对应，形成能动执行力、精确执行力、行为执行力、保证执行力四个执行力单元。

第一节　能动执行力

能动执行力，是以驱动力为基础，执行者自觉且积极地执行工作任务。

能动执行力的关键，是为执行者创造驱动力。创造驱动力，主要有需求驱动法、比较驱动法、其他驱动法等方法。

一、需求驱动法

需求驱动法是指设计和满足执行者的需求，使其具有能动执行力。

1. 设计需求

设计需求一般包括：为员工设计职业规划、实现公司愿景目标与员工利益的关联、职务晋升与薪酬增长的许诺、员工学习成长计划等。

设计需求与“画饼”有些类似，但比“画饼”更深两层：第一，让员工感觉看得见、摸得着，不能太离谱；第二，要想好“实现不了”的退路和对策，避免形成“画饼忽悠员工”。海底捞公司给离职员工的“嫁妆”，就是很好的范例。它给在职员工吃了一颗定心丸，朝着企业设计的目标（需求）努力工作。

2. 满足需求

满足需求包括两种情况：一种是满足员工的现实需求，如急等开支还房贷，尽快进修学习，工作缺员急需人手，等等；一种是解决员工的顾虑需求，如担心本月社保调整，家中孩子无人照顾，公司促销政策变化，等等。

某企业 A 部门女员工较多，到了下午四五点钟，基本上都不工作了（或工作效率很低)。针对此情况，部门领导决定将这些女员工的中午休息时间缩短30分钟，下午提前30分钟下班，获得一致拥护，工作效率大大提高。这些女员工惦记孩子在幼儿园久等着急，提前下班可以准时接走孩子，解除后顾之忧而安心工作。A部门领导针对她们的顾虑，调整时间而满足需求，提高了能动执行力。

二、比较驱动法

比较驱动法是指通过对比而产生驱动力，使执行者具有能动执行力。

应该听过这个故事：甲乙两人去山中游玩，突然出现了一只老虎，甲立即换上跑鞋，乙不解地问："你换上跑鞋有什么用?"甲回答："我只要跑得比你快就行。"这是比较驱动的一种表现方式。

比较驱动法的动力来源于"获胜的成就"与"失败的恐惧"两个方面。

(1) 获胜的成就。通过比较，获胜者会产生成就感。例如，多人竞聘某个职位某人脱颖而出，几个骨干进行比较后给某人加了薪水，公司绩效考核成绩名列第一，等等。

(2) 失败的恐惧。通过比较，失败者会产生恐惧感。例如，业绩考核最后两名员工要被公司裁掉，公司5个部门在机构调整中只保留3个，等等。

在企业实战中，比较驱动法是一个应用广泛、效果明显的驱动方法。通过不同人员、不同范围的比较，可以给人增添"面子"，也可以剥夺人的"面子"；可以使人春风得意，也可以让人充满危机；可以提升获胜者的信心，也可以促成失败者的觉醒；可以获得心理上的平衡，也可以造成心理的失衡。

比较驱动法从正、反两个方面对执行者产生触动影响，以更加积极的态度趋利避害，使执行者具有能动执行力。

三、其他驱动法

人们的内心驱动是由多种因素决定的，除上述两种驱动方法之外，还有环境驱动法（改变环境)、制度驱动法（制定制度)、文化驱动法（倡导文化)、现实驱动法（现实好处）、引领驱动法（信任引领）、目标驱动法（制定目标）、心智驱动法（改善心智）等。

驱动与激励密切相关。激励有多项内容和方法，要从更加客观和全面的角度来理解驱动、理解驱动力、理解能动执行力，让驱动充满张力。

通过各种驱动方法，让执行者具有能动执行力，这是驱动的宗旨。

有了驱动力，就有了执行动力；有了执行动力，就有了能动执行力。执行者具有了能动执行力，这是执行体系的第一项内容。

第二节 精确执行力

精确执行力，是以准确力为基础，执行者按照精确度要求完成工作任务。

准确力是精确执行力的基础，也是执行力的检验标准。准确力包括信息准确、主体准确、标准清晰、方法得当四项内容。

一、信息准确

信息准确，是指执行者按照领导发布的信息内容去执行，不出现偏差。

在某校短跑成绩测验中，体育老师高举手臂："各就各位，预备……"然后手臂猛然下压。好几个同学冲出起跑线，体育老师冲他们吼道："谁让你们跑的？"那些同学回答："你让我们跑的。"体育老师问："我怎么让你们跑的？"同学回答："你做了手臂下压的动作了。"体育老师说："可是我也没说'跑'呀……"于是两边争论起来。

某施工队接到一项任务，客户要求一个月必须完工。一个月后，客户来到施工现场，问施工队长："我们的烟囱在哪儿？"施工队长说了一句话，把客户都给逗乐了："对不起，我把图纸看反了，本来是个8米高的烟囱，我们给挖了一口8米深的井。"

以上两个故事，都是"信息准确性"出现了问题。第一个故事，是在信息沟通和理解上出现了问题；第二个故事，是执行者在信息方向执行上出现了问题。

为保证信息的准确性，第一要进行信息复命，第二要区分信息指令。信息复命能对领导发出信息进行验证和复核；区分信息指令能完整理解领导发出信息指令的用意。

复命的具体内容在本篇第七章第一节（职业习惯）、信息指令的具体内容在第一篇第五章第三节（四种信息指令）有详细介绍。

保证执行信息的准确性，是精确执行力的第一步，也是最基础的一步。

二、主体准确

主体准确，是指选对执行的主体（人），去完成执行任务。

正如本篇第一章所提，柳传志说“执行力就是把合适的人用在合适的地方”，即是强调执行力中主体准确的例证。

选对执行主体，即选择正确的人去执行任务，为完成执行任务提供关键保证。怎样选择对的人呢？笔者自创和使用“职场六面识人法”。

职场六面识人法，亦称“职场六面识人用人方法”。它是根据六个元素组成的六面体，在职场中识别人才、使用人才的一种方法。这六个元素分别是：职业操守、职业技能、理念吻合、成功失败、人生梦想、现实情况。

1. 职业操守

职业操守是职业素养的一项主要内容，是执行者必须具备的前提条件。职业操守在入职前考察、面试洽谈、入职后工作考察中，始终要放在第一位。试想，一个贪图钱财、见利忘义、出卖公司机密的人，怎么能让他去执行重要任务。

2. 职业技能

职业技能是执行工作的基本要求。职业技能欠缺或者不具备职业技能的人，要进行辞退，更不能安排其执行相应的任务。企业不是学校，企业是“战场”。在“战场”上，只有真本事才能杀伤“敌人”、保住“性命”。当然，在完成工作的前提下，不断学习和提高职业技能是值得肯定的，但不要忽略前提——完成工作。

3. 理念吻合

在选择执行主体的时候，要重点关注员工价值观与企业理念是否吻合。比如，有的员工对开会非常反感，有的员工认为工作时间之外不能安排工作，等等。对于这些人员要特别谨慎地使用。如果与企业理念严重背离，坚决不能使用。

4. 成功失败

通过谈话、私信等方式，了解员工一生中最成功的事情、最失败的事情，可以找到正负两级，确定抱负施展空间。在安排执行任务时心里有数，鼓励员工避开阴影，挑战自我，创造新的奇迹。

5. 人生梦想

舍得花费时间和精力去了解员工的人生追求和梦想。对于有追求和梦想的员工，要大胆使用、放手使用；对于梦想模糊或没有梦想的员工要引导性使用、限制性使用。

在企业实战中，领导往往安排自己信任的员工去执行重要任务，这是另一个维度的问题。如果这个员工既有梦想又值得信任，领导会更加信任并令其担当更重要的工作；如果这个员工没有梦想，只是信任，这种信任会随着员工有限的视野、在流逝的时光中逐渐淡薄。

6. 现实情况

了解员工的现实情况，了解员工此时此刻的真实想法，是选择执行主体的“镇宅之宝”。之所以称为镇宅之宝，一是因为它是六面体的底座部分，二是它有明确的针对性，是最现实、最有效的用人考量方法。

一个将要离职的销售部经理，你会怎样使用；一个本周着急交一年房租的财务人员，你会怎样安排；一个将要申请仲裁的人力资源专员，你会怎样面对；一个昨夜醉酒驾车、自己惹祸却不知道的员工，你会怎样调遣。

正是因为了解和掌握了员工的现实情况，在选择执行主体时才能有的放矢、胸有成竹，避免出现重大偏差，把最合适的人用在最合适的执行位置上。

三、标准清晰

标准清晰是精确执行力的核心内容，是在准确力基础上对执行和检验要素的进一步细分，防止出现错误、模糊、遗漏的标准，造成执行被动或执行终止。

某公司 CEO 跟 CTO 说：“晚上把‘新项目研发进度表’发给我。”到了第二天，CEO 冲着 CTO 发火：“我要的资料在哪儿，你给忘爪哇国去了吧。”CTO 说：“我昨晚发给你了。”CEO 说：“我根本就没收到……”两人争来争去，没有结果。

标准清晰包括主件清晰、附件清晰、备件清晰三项内容。

1. 主件清晰

主件清晰，是指执行任务的主要内容非常清晰。主件清晰有下列要求：

(1) 时间清晰。规定明确的时间期限，如某月某日某时。避免使用“马上”“尽快”“下班前”(你要是提前下班或下班晚走怎么办) 等模糊的语句。

(2) 任务清晰。执行任务清晰可见，如调取 1 ~ 6 月的总裁办公会纪要等。避免只提会议纪要的内容 (会议纪要多了，不知道要调取哪一个)。

(3) 提交清晰。对完成任务后提交的方式要规定清晰，如发到指定邮箱等。避免出现想当然的提交方式 (领导喜欢使用微信接收文件等)。上述 CEO 与 CTO 案例，出现了提交不清晰的情况，造成误解和工作被动。

(4) 验收清晰。完成任务效果如何，要规定验收 (审核) 人员。验收 (审核) 通过后，要表明验收结果，如“收到”“可以”“通过”“转报”“待定”等。避免出现未接收到提交信息，或将其置之不理的情况。

2. 附件清晰

对于一些重要的执行任务，要规定相应的附件，而且内容清晰。

(1) 发布方式。确定安排任务的方式，如口头安排、会议安排等，要有文字记录。

(2) 任务级别。规定任务的紧急重要程度，如 A1 级、B3 级等，便于安排工作优先顺序。

(3) 重合区域。规定任务的交叉及重合区域的职责处理和优先决定权。如两个部门之间的区域谁来管理，两个部门协调不统一的优先解决方案，等等。许多实战案例表明，这个环节最容易出现问题，扯皮、推诿现象居多，要明确加以规定。

(4) 双向复命。规定双向（领导者与执行者）复命的时间和要求，保持在重要任务执行中的联络，及时跟踪、反馈、处理问题。

双向复命解决的主要问题，是避免某些领导把工作和责任全部推给员工。因为重要的工作不但与员工执行有关，也与领导安排、指导、督促有关，二者缺一不可。

3. 备件清晰

这里所言备件，是指在紧急情况下启动的准备内容。在执行重大、特殊任务中，要有相应的备件。备件清晰有下列几项内容：

(1) 紧急联系人。一些公司在员工登记表中，让员工填写这项内容是非常重要且具有远见的。当与员工联系不上，可以联系其亲属或信任的人，这样能快速找到员工，安排执行工作。

(2) 特殊授权书。执行者在一些紧急特殊情况下，可以按照特殊授权书权限，全权处理各类事项，也可以出示一些重要物件（足以证明与领导有特殊关系的），获得对方信任，完成执行任务。

(3) 资源备忘录。提前储备车辆、场所、人员、物资等重要信息，以备在紧急情况下使用，完成特殊任务。

备件清晰还包括其他一些内容，如失败退路、突发意外等，这些备件能让你在紧急情况下有条不紊地工作。

四、方法得当

方法得当，是指执行者采用正确、巧妙的方法，准确而高效地完成任务。

1. 方法正确

做一件事情、执行一项任务，要选择一种正确的方法。用锤子拧螺丝、用钳子锯木头，都是选择方法（工具）的错误。

一家企业讨论项目计划书时，项目经理按照客户要求修改多次，最后客户说："都不理想，还是按照最初的文件讨论吧。"结果这个项目经理又折腾半天，改回到最初方案，不但漏掉了一些内容，而且还词不达意，让参会讨论者等了很长时间，客户也不满意。

这个项目经理没有养成"即时阶梯保存文件"（文件随时保存并编成序号）的良好习惯，而是采用笨拙、错误的修改方法，令参会者大跌眼镜，执行效果大打折扣。

有一则笑话，也有雷同之处：

一个商人带着两袋大蒜到某地，当地人没有见过大蒜，极为喜爱，于是赠给商人两袋金子。另一个商人听说后，便带了两袋大葱去，当地人觉得大葱更美味，金子不足表达真情，于是把两袋大蒜赠给了商人，这个商人强颜欢笑，心中无语。

方法正确，措施对路，是准确完成任务的重要保障。

2. 方法巧妙

在执行任务的过程中，要思考和寻找巧妙的方法。方法巧妙可以让人眼前一亮，事半功倍。

某家知名企业引进了一条香皂包装生产线，发现这条生产线有一个缺陷，一些香皂盒里经常没装入香皂，于是准备花重金邀请专家设计和解决这个问题。

企业内部一位员工知悉后找到负责人说："不用那么复杂，只要在生产线旁边放几台大电扇就可以了，然后把吹落的香皂盒装入香皂。"问题迎刃而解。

这个熟悉的故事，给人们的启发是，巧妙的方法，往往非常简单；而发现这些方法，需要经验智慧，需要创新思维，将其运用到执行实践中，四两拨动千金。

获得准确的信息，选对执行的主体，制定清晰的标准，运用得当的方法，形成准确力的完整结构，也是精确执行力的内容要求。这是执行体系的第二项内容。

第三节 行为执行力

执行力必须行动，有行动才有执行力。

行为执行力，是以行动力为基础，执行者快速、平行、动态地执行工作任务。

快速执行，能在时间上抢占先机；平行执行，能在空间上提高效率；动态执行，能在变化中掌握主动。

一、快速执行

快速执行，是指执行者接到命令后迅速采取行动的行为。

快速执行，一般包括快速布置、快速行动、快速准备三个方面的内容。

1. 快速布置

快速布置，是指执行者接到领导命令后，通过会议、公告、电话、微信、短信等方式，迅速布置给相关人员。例如，总经理要求技术部周末加班，总经理办公室主任（以下简称总办主任）迅速打电话给技术部经理，布置加班事项。

影响快速布置的原因主要有两个：一是布置者考虑问题过多，瞻前顾后；二是布置者有些“想当然”，没有迅速传达领导的命令。

例如，有的总办主任会想：技术部上周已经加班了，这周再通知加班，技术部经理是否同意？是否把这个信息跟总经理反馈一下，让总经理改变主意？是否需要先找技术部员工聊聊再做决定？因此，没有立即布置。

这个总办主任考虑一些问题是必要的，但在执行力问题上犯了低级错误：一是没有权力延误总经理交办事项，二是违反“领命不提条件”的执行素养。

由于没有及时布置，技术部经理和一些员工可能会离京出差，可能会周末度假，可能会关机联络不上，等等，造成总经理的计划落空。

因此，快速布置不仅对工作有利，也是检验一方领导全局意识的试金石。

2. 快速行动

快速行动，是指执行者接到命令后，各级人员按照任务要求立刻行动起来。如上例中，总办主任通知技术部经理后，技术部经理立即通知部门员工，部门员工马上安排好加班时间。同时，总办主任立即通知行政部、人力资源部相关人员，配合技术部加班工作。

快速行动，全员动起来；快速行动，执行有保证。很多企业都有这样的感受：全员行动起来，除了感受工作任务的重要性之外，更感受到一种团队的正能量和凝聚力，感受到一种良好的企业文化氛围。

3. 快速准备

快速准备，是指执行者接到命令后，立即准备相关事项，保证任务的顺利完成。

如上例中，总办主任接到总经理命令后，立即准备技术部相关资料，以备总经理来公司加班调用；立即联系午餐，解决加班员工的工作餐问题；立即安排增加班车，解决加班员工交通问题，等等。

在实际工作中，这些准备事项可以由总办主任亲自去做，也可以由总办主任安排其他人员办理。快速准备还有其他一些内容，在本章第四节（保证执行力）继续说明。

兵贵神速，快抢先机。快速执行是行动力的首要内容。

二、平行执行

在人们的做事习惯中，有人做事是“串联式”，有人做事是“并联式”。

串联式做事的顺序是：先做事情 A，再做事情 B，最后做事情 C。将 A、B、C 三点像串糖葫芦一样，串联到一起。

并联式做事的顺序是：A、B、C 三件事同时进行，A、B、C 三点像并联电路一样。

平行执行，又称并联式执行，是指执行者在执行过程中，同时启动几种行动的行为。

平行执行的特点是“时间并起，空间共存”，现分别进行说明。

1. 时间并起

时间并起，是指一个执行者在同一时间内，同时执行几件事情。如上述案例中，总办主任在接受总经理任务后，可用微信好友群发方式，将技术部经理、行政部经理、人力资源部经理通知到位，或统一约到办公室来，进行快速布置和快速准备事项。

在实际工作中，一些优秀员工经常采用“时间并起”的平行工作方法，如一边下载文件，一边发送邮件，一边审核工作计划，一边等待客户信息，等等，在同一段时间内，同时关注和完成几项工作，大大提高了工作效率。

2. 空间共存

空间并存，是指几个执行者在同一个时间内，执行一件或几件事情。如上述通知技术部周末加班的案例中，在总办主任打电话通知技术部经理的同时，总办员工 A 用微信通知技术部每个员工，总办员工 B 张贴加班通知并通知在岗人员，等等。

平行执行是提高工作效率的重要方法，是区别优秀员工和普通员工的重要尺度，是高效完成任务的重要技能。

三、动态执行

如果说快速执行是一种态度、平行执行是一种技能，那么动态执行就是一种谋略。

动态执行，是指执行者接到命令后和执行过程中进行动态观察和调整的行为。动态执行有三点说明。

（一）让子弹先飞一会儿

某公司总裁秘书（女）对总裁说：“我怀孕了。”总裁连头都没抬，一边看文件一边说：“我早就结扎了。”总裁秘书笑道：“我在跟您开玩笑。”总裁慢慢抬起头来，喝口茶说：“我也在跟你开玩笑。”

这个故事给我们最大的启发是：遇到事情，别太着急，“让子弹先飞一会儿”，必有妙招。同样道理，动态执行也是这个初衷，在接到执行命令（尤其是很为难的内容）后，先别着急，先去执行，在执行中进行调整。

一位企业高级管理人员找到A教授，请教一个现实的问题：企业领导有时考虑欠缺，安排他去做一些不合理的事情。基于公司整体利益考虑，他几次私下提出反对意见（考虑领导权威和面子，会上没有提出反对意见），但领导很不高兴地问他：“你是领导还是我是领导，让你干什么你就干什么，明白吗？”

他为此非常纠结。提出反对意见，提醒领导吧，领导不高兴；不提出反对意见，不提醒领导吧，自己于心不忍（为了公司好，为了领导好，为了自己的做人原则）。问A教授遇到这样的问题，应该怎样去做。

A教授听完他的叙述，跟他讲了两点：一是通常而言，领导不喜欢别人指出错误，而是经过你策略性提醒，自己悟出错误；二是你一定要当面表示坚定执行，然后在动态中调整，“让子弹先飞一会儿”。

之后，领导又给他布置了几次不太合理的工作，他按照A教授给他提供的方法，“让子弹先飞一会儿”，巧妙地说出利弊之后，最后表示坚决执行、立即去办。结果出人意料：在他刚走出领导办公室，领导就把他叫回来，跟他说："你说的也有些道理，这样吧，这个事情这样办（做出调整或者暂时停办）。"

领导，无论职位高低，均有过人之处，也总有考虑不周之时。当你站在公司利益角度，他可能暂时不接受你，但最终会明白你的用心，而且还会感激你。执行者要做的是，以立即执行的态度，留出动态调整的空间（给领导留出空间，也是对领导的尊重），"让子弹先飞一会儿"，最后实现双赢。

（二）动态执行是伟大的执行

静止是暂时的、相对的，变化是永恒的、绝对的。动态执行就是在不断变化中，接近目标、修正目标、完成目标。动态执行是一种伟大的执行，主要源于四个维度。

1. 动态执行者的宽阔胸襟

在日趋复杂、价值多元、不断变化的环境下，动态执行者要面对各种人群，处理各种利益的交割，维持各方利益的平衡，相应地调整策略，没有宽阔的胸襟是根本办不到的。这是动态执行者品格的伟大。

2. 动态执行者的炮声决策

任正非有句名言：让听得见炮声的人来决策。动态执行者就是能听见炮声、根据情况变化适时做出选择和决策的人。

动态执行者在执行的最前沿，掌握了解各种信息，能清晰地听见各种不断变化的炮声，能度量和揣摩各种得失，做出最适合前沿变化的决策，实现执行目标。这是动态执行者角色的伟大。

3. 动态执行者的最终效果

动态执行者以执行目标为靶心，根据不断变化的主客观因素，不断调整"脚步""呼吸""手臂"，"射"出优异成绩。动态调整每进行一次，距离靶心就更近一步。因此，动态执行是达到执行目标的最佳模式。这是动态执行者成果的伟大。

4.动态执行者的战胜自我

人的性格各异。在动态执行中，为了适应不断变化的主客观因素，需要执行者不断调整自我，战胜自我，如此才能实现执行目标。这是动态执行者精神的伟大。

有了快速执行的态势、有了平行执行的效率、有了动态执行的利器，就为行为执行力插上了翅膀，执行者才能起航飞向执行目的地。这是执行体系的第三项内容。

第四节　保证执行力

保证执行力，是以保障力为基础，为执行者完成执行任务提供必要的保证。

保障力包括物件保障、人员保障、制度保障、文化保障四个部分。

一、物件保障

物件保障，是指为完成执行任务而准备的必要物件。这些物件包括各类设备、物品、文件、数据、信息以及必要的资金等。

物件分为使用物件和备用物件两种。使用物件是指在执行中必须使用的物件，备用物件是在执行中储备使用的物件。备用物件又分为日常备件、紧急备件两种。

使用物件要在执行前列好单据，逐项检查，不能遗漏。备用物件要按照日常备件、紧急备件分头准备，严格把关。紧急备件亦可参照本节“精确执行力”中“备件清晰”内容。

有了完整的物件保障，为执行者完成任务提供了基础保证。

二、人员保障

人员保障是保障力的核心内容，主要做好四项工作：

1. 人员储备

在执行重要、特殊的任务之前，要做好必要的人员储备工作。人员储备主要采取“待命”方式，一旦需要，马上参与到执行过程中。

2. 解除顾虑

解除执行者的后顾之忧，让执行者全身心投入工作。在本节需求驱动中，部门领导让女工提前下班接孩子，是解除员工顾虑的一个很好的例子。

3. 协作配合

执行者在执行任务过程中，经常需要其他部门、其他员工的配合，要特别重视这个环节并采取必要措施。要强化员工的团队协作意识，建立科学合理的工作流程，制定连带责任政策，鼓励和重用协作配合人员。

协作配合问题历来是企业实战的顽疾，需要下大力气去解决。在人员使用当中，“协作配合”甚至可以作为否决指标来进行掌控。

4. 员工培训

重视员工培训，就是重视企业效益，重视企业未来。

笔者到内蒙古一家企业做内训，企业领导透露一个信息：该企业两年前是行业业绩倒数第二名，现在是正数第二名。秘诀就是，企业重视员工培训，每月培训两次，对员工进行企业理念、岗位技能、职业素养和心态、领导力和执行力等方面培训。

领导者真正重视培训工作，举办高质量的员工培训，可以让员工的魂（理念和价值观）、脑（思维方式和职业习惯）、身（执行力）与企业融为一体，在创造业绩的同时，赢得未来。

三、制度保障

制度保障是保障力的重要内容，主要做好四项工作：

1. 职责界定

清晰界定执行者的工作职责，清晰界定重合区域（部门之间的重合、员工之间的重合等）的职责，清晰界定未涉及区域的职责。

职责界定，让执行者心中有秤，让配合者心知肚明，让未知者查有出处，让考核者容易裁定。

2. 优化流程

按照简明、效率的原则，对现有工作（执行）流程中不合理的部分，进行调整、裁剪、优化，避免执行者陷入扯皮、反复、内耗、被动工作之中。优化体系流程可以聘请专家顾问，优化事件流程可以自主进行。

3. 督查指导

执行重要工作任务，要有督查指导制度。督查指导有两个功能：第一，通过监管、督促、检查，保证任务的顺利完成；第二，在执行者遇到困惑时指明方向，指点迷津。

在第一篇第一章领导力认知案例中，张副总针对王 ×× 不打卡的问题，用“懒蚂蚁原理”为 HRD 指点迷津，使其豁然开朗，这是一个很好例证。

在管理者的技能薪酬方面，有个不成文规定，将员工分为 A、B、C 三个类别（或级别）。现以月薪 4000 元为例进行说明。

C 类员工（告知类员工）：这类员工只负责将工作任务通知到位。例如，通知某部门下午 5 点前提交工作计划等。C 类员工的标准月薪为 4000 元。

B 类员工（解决类员工）：这类员工不但能将工作任务通知到位，还能解决问题。例如，某部门因为业务繁忙，没有时间写工作计划，B 类员工便调出上月工作计划与该部门简单沟通，最后按时提交工作计划。B 类员工的标准月薪为 8000 元。

C 类员工（指导类员工）：这类员工不但能将工作任务通知到位，进而解决问题，还能进行指导，让员工悟出症结，完成工作，并且教会员工将来遇到类似问题如何处理。例如，说明工作计划对自身的益处，应对突发文件的快速呈报技巧，等等。C 类员工的标准月薪为 16000 元。前文所提及的张副总（指点 HRD）就是 C 类员工。

4. 奖惩严明

奖励敬业执行者，处罚庸懒执行者；奖励高效执行者，处罚低能执行者；

奖励完成目标的执行者，处罚未完成任务的执行者；奖励协作配合团队，处罚扯皮拆台之人。

这些奖惩要形成制度，成为执行力敏感的风向标，激励正念，摒弃不良习惯，为出色完成任务提供有力的制度保障。

四、文化保障

执行力需要企业文化，企业文化需要执行力。营造良好的企业文化氛围，为执行力提供重要支持保障。

1. 执行光荣

在企业全体员工中，牢固树立“执行光荣”的理念，通过各种方式鼓励优秀执行者，在企业中让人“高看一眼”，获得尊敬甚至仰慕。

让那些工作中挑三拣四、敷衍了事、消极怠工、失德失责的“非执行者”们，没有安身之处。

2. 协作可嘉

执行需要团队，执行需要协作。企业要处处营造“协作可嘉”的氛围，工作相互援助，执行中主动配合，将“主动协作、善于协作、乐于协作”的理念和习惯深深植入每个员工的心灵和行为之中。

让那些单打独斗、推诿扯皮、相互拆台、幸灾乐祸的“非协作者”们无立足之地。

3. 崇尚学习

学习是成长的摇篮，学习是进步的阶梯，在企业中要大力营造“崇尚学习”的氛围。

(1) 榜样学习。向身边的榜样（优秀执行者）学习，榜样的力量是无穷的。

(2) 相互学习。没有完美的个人，只有完美的团队，团队之间互相学习，取长补短。

(3) 缺失学习。缺什么，补什么；缺什么，学什么。快速弥补短板，胜任岗位需要。

(4) 习惯学习。养成学习习惯，将学习变成学习力，将执行变成执行力。

物件保障、人员保障、制度保障、文化保障如同四个支柱，支起了保证执行力的平台，这是执行体系的第四项内容。

驱动力、准确力、行动力、保障力，执行力的四种力量是执行力体系的核心内容，支撑起执行力的不败之身。

篇后语

在本篇中，依次按照“入门”“入根”“入心”“入身”四个思维驻点进行了阅览和学习。

入门：执行力认知是执行力的导入之门。

入根：执行力素养是执行力的生命之根。

入心：执行力心态是执行力的心灵之本。

入身：执行力的四种力量是执行力的完整之身。

真诚祝愿各位执行者，以职业素养为根，以良好心态为魂，能动执行、精确执行、行为执行、保证执行，出色完成执行任务，实现职场人生跨越。

领导力鸣锣，执行力开道，绩效力定调。希望后面篇章的学习，给您带来更多启发，更多欢笑，更多期盼。

领导力 执行力 绩效力

第三篇

绩效力篇

本篇摘要

绩效力是创造业绩的能力，是领导力和执行力的检验标准，是企业经营的最高成果。

绩效力通过领导力和执行力、绩效管理、特殊驱动机制三个载体得以实现。

选择正确的绩效模式，决定绩效管理和绩效力的的成败。EVA、KPI、BSC、OKR、阿米巴、KSF 等专业绩效模式，PKT 等自创绩效模式，给读者提供了丰盛的绩效工具大餐。

为“80 后”“90 后”员工量身定做的特殊驱动机制，以三维驱动模型为核心，运用群商、果冻激励等特殊方法，呈现了趣味、新颖、充满生机的绩效魅力。

领导力

执行力

绩效力

LINGDAOLI
ZHIXINGLI
JIXIAOLI

案例导入七

一周时间

一个企业招聘了四位部门经理。四位部门经理入职后，公司没有安排任何工作，也没有主动联系他们。一周之后，HRM（人力资源经理）把四个人集中到一起，让每个人对一周内工作进行述职。

听完四位部门经理述职并验收工作成果之后，HRM 将四位部门经理划分为 A、B、C 三个类别等级，同时宣布：这一周重点考察在没有安排工作情况下的工作主动性。一周后的结果是：

A 类：1 人。搜集各类信息，提供了有价值的部门工作纲要和工作步骤；立即上岗。

B 类：2 人。查阅部分资料，有大致的工作设想；延缓一周上岗，进行培训。

C 类：1 人。工作基本没做，一直处于等待状态；进行辞退处理，立即办理。

思考一：你如何看待这个问题？

思考二：是否赞成这位 HRM 的做法，为什么？

案例导入八

赞成哪个

张某从一个汽车展销会归来，看中了一辆汽车，准备投资用它来跑运输业务。这辆汽车的售价为 30 万元，而它每年能带来至少 5 万元的净利润。假设该汽车的有效寿命为 7 年，是否购买呢？张某运用了两种方法分别进行计算。

算法 A：累计总利润 =5×7=35（万元），高于售价 30 万元。

结论：盈利 5 万元，方案可行，可以购买。

算法 B：累计总利润 =5×7=35（万元），估计今后 7 年的资金成本平均年息为 4.8%。

资金成本总额 =30×4.8%×7=10.08（万元）。

扣除资金成本后的累计总利润 =35−10.08≈25（万元），低于售价 30 万元。

结论：亏损 5 万元，方案不可行，不能购买。

张某犹豫了，到底买不买呢？

思考一：你赞成哪种计算方法？

思考二：如果是你，怎样处理这件事情？

第九章

绩效力认知

CHAPTER9

绩效力是企业经营的最终成果，是企业管理的核心元素，是领导力、执行力的检验标准和最终目标。什么是绩效力，绩效力与领导力、执行力、绩效管理是什么关系，怎样实现绩效力最大化，等等，在本章将进行介绍和分析。

第一节　什么是绩效力

绩效力是本书提出的又一个新概念。在这里将绩效力定义为“创造业绩能力”。绩效力是个人、团队、企业创造工作业绩和工作成效的一种能力。绩效力的内涵包括三个方面：第一，绩效力的主体；第二，绩效的来源；第三，绩效力是一种能力。

一、绩效力的主体

绩效力的主体包括三个方面：一是个人，如某个领导、员工等；二是团队，如某个中心、部门等；三是企业，如企业相关负责人员、机构、企业整体等。于是形成个人绩效、团队绩效、企业绩效三个种类。

二、绩效的来源

绩效的来源，即绩效的产生包括两个方面：一是工作中直接创造、生成业绩和成效，如本月销售额突破100万元、编写下发了《员工手册》等；二是催生绩效的工具和方法，如运用三维模型、PKT绩效模式等。

三、绩效力是一种能力

与领导力、执行力一样，绩效力也是一种能力。绩效力是工作中创造业绩的一种能力，绩效力是为催生绩效而正确选择和运用工具方法的一种能力。

第二节 绩效力与领导力、执行力

绩效力与领导力、执行力的关系，主要体现在三个方面：第一，绩效力与领导力、执行力密不可分；第二，绩效力以领导力和执行力为基础；第三，绩效力是领导力、执行力的检验标准和最终目标。

一、绩效力与领导力、执行力密不可分

绩效力与领导力、执行力相互作用、相互影响、相互依存，形成一个完整的体系。三个因素中任何一个因素发生变化，均会影响其他因素的改变。例如，一个领导安排任务后，某员工执行力差，绩效力就会大打折扣。同样，领导安排任务后，某员工执行力很强，但绩效成果检验出现了问题，如衡量标准不统一、工具使用不当等，也会对领导力和执行力产生不利影响。

二、绩效力以领导力和执行力为基础

领导力和执行力是绩效力的基础，也是绩效力的前提条件。

没有领导者的正确决策和统帅技能，没有执行者的坚定信念和执行，就不会创造业绩，就不会有强大的绩效力。在领导力篇和执行力篇中，对领导力和执行力的具体内容和关键要素进行了详细解读。三者相互关联，领导力和执行力对绩效力起着基础保障作用。

三、绩效力是领导力、执行力的检验标准和最终目标

在企业中，无论领导力还是执行力，都要以“创造业绩”为检验标准和最终目标。领导力再好、执行力再强，如果没有绩效力或者绩效力很弱，那么领导力和执行力就失去了应有的意义。没有绩效力的领导力和执行力，要么是束之高阁的“理论家”，要么是拉车不问路的“老好人”，这些都不是企业所需要的。

企业需要什么，需要每位员工创造业绩，需要每个团队创造业绩，需要企业整体创造业绩。个人创造业绩、团队创造业绩、企业创造业绩汇成一处，形成企业巨大的现金流，这是绩效力的最终追求。

第三节 绩效力与绩效管理

绩效力主要有三个载体：一是领导力和执行力，它是绩效力的基础载体；二是绩效管理，它是绩效力的核心载体；三是特殊驱动机制，它是绩效力的特殊载体。

一、绩效管理

绩效管理，是指对员工和组织的业绩成果进行有效管理。

绩效管理在企业管理中被广泛应用，其主要内容可概括为“绩效管理1234法则”。

“绩效管理1234法则”即一个中心、两个误区、三种模式、四个步骤。

（一）一个中心

绩效管理以“业绩效果”为中心。绩效管理的全部活动，包括理念、设计、操作等，都不能偏离这个中心。“业绩效果”有两个方面的要求：

一是业绩要求。要求个人、团队、企业创造最佳业绩，如销售额、市场占有率，等等。

二是效果要求。这种要求重在工作影响和长远考虑。如某个销售员为了短期业绩，而采用违规手段，违反公司规定、造成不良影响等，就不符合效果要求。

因此，既要业绩，又要效果，才是完整的绩效管理目标，也是绩效管理的中心。

（二）两个误区

在企业实战中，要避免陷入“绩效致死”“形同虚设”两个常见的误区。

1. 绩效致死的误区

绩效致死，是指企业施行的绩效管理行为严重束缚了个体和群体的工作热情和操作活力，比如无休止地填写各类表格，绩效考核程序烦琐耗时，不正当的考核结果处理，等等，导致工作愈发被动，工作效率和工作业绩显著下降，工作逐渐走向休克、死亡状态。

2. 形同虚设的误区

形同虚设，是指企业施行的绩效管理行为在实际操作的各个环节中处于“摆摆样子、走走形式”的状态。比如制度文本一大堆，就是不落实、不检查；考核时每人都填写100分，只要上交表格就万事大吉，等等，绩效管理处于可有可无的虚设状态。

3. 怎样避免两个误区

避免“绩效致死”和“形同虚设”两种情形，可以尝试下列几种方法：

方法一：全员重视。要摒弃“绩效管理是人力资源部门的事情，与我无关”的错误理念，从公司最高领导做起，各级管理者和全体员工人人重视，共同制定相应措施（不重视或口头重视的处罚预案）。

方法二：合理可行。按照专业性、科学性、可操作性的要求，进行绩效管理的设计工作，制定相应的制度和实施步骤，不断优化操作流程，掌控核心环节，简化操作步骤。也可以采用试运行的方法，进行调整和完善，达到绩效管理的目标。

方法三：选对模式。绩效管理有很多模式，如360°模式、KPI模式、BSC模式、PKT模式等，正确选择和运用绩效模式是绩效管理的核心环节，也是重中之重。在选择绩效模式时，可以聘请专家顾问，也可以自主（企业内部）选择。

方法四：结果反馈。员工参与的各个环节结果，如填表、面谈、考核、奖惩等，要及时反馈给员工，达到及时告知、及时激励、及时警示的要求，形成良性循环。

（三）三种模式

这里将绩效模式划分为三种：第一种是常用绩效模式，第二种是专业绩效模式，第三种是自创绩效模式。选择绩效模式，是绩效管理的关键环节，也是绩效力的核心内容。

1. 常用绩效模式

常用绩效模式，是指在绩效管理中经常采用、操作相对简便的绩效管理模式。例如，360°考核法、强制分布法、工作任务书等。

2. 专业绩效模式

专业绩效模式，是指运用管理、经济、信息等学科专业知识，在业界有较大影响力的绩效管理模式。例如，KPI 模式、BSC 模式、KSF 模式等。

3. 自创绩效模式

自创绩效模式，是指由使用者自主研发、在实战中得到良好验证的绩效管理模式。例如，PKT 模式、MOP 模式、TTSCT 模式等。

（四）四个步骤

绩效管理包括四个步骤：绩效计划、绩效辅导、绩效考核、绩效反馈。

绩效计划，是指提前设计绩效管理的环节、内容，对绩效管理进行全面布局，包括目的意义、参加人员、选择模式、操作流程、奖惩兑现、时间安排等。

绩效辅导，是指对参与绩效管理的人员进行培训、宣传讲解、个别谈话等，提升人们的认知水平和绩效潜力。

绩效考核，是指对被考核人员的工作业绩进行客观评价，评价结果与奖惩挂钩。绩效考核是绩效管理的核心环节，是绩效管理的落地生根之处。

绩效反馈，是指将考核结果反馈（告知）给被考核者，同时也是奖惩兑现的一种行为反馈。

二、绩效力与绩效管理的关系

绩效力与绩效管理的关系，可以概括为下列几个方面：

(1)绩效力是绩效管理的目标，绩效管理以绩效力为中心。

(2)绩效力以绩效管理为载体，通过绩效管理实现绩效力。

(3)绩效力包含绩效管理，绩效管理隶属于绩效力。

(4)绩效力具有战略性、目标性、指导性，绩效管理具有战术性、工具性、操作性。

绩效管理是绩效力的三大载体之一，在三大载体中处于核心位置。充分发挥绩效管理的功能，为实现绩效力提供优良保障。

第四节 实现绩效力的主要路径

如前所述，绩效力通过三个载体得以实现。它们分别是领导力和执行力(基础载体)、绩效管理(核心载体)、特殊驱动机制(特殊载体)。这三个载体，也是实现绩效力的三条路径。

一、领导力和执行力

领导力和执行力的最终成果是绩效力，领导力和执行力是实现绩效力的基础保障，也是实现绩效力的第一个路径。

领导力和执行力产生绩效力，一般来说通过下列方式实现：

(1)实现工作目标；

(2)履行岗位职责；

(3)完成领导交办任务；

(4)达到领导、客户、自我三方满意。

二、绩效管理

借助工具可以产生绩效力，绩效管理是绩效力的核心工具，它是实现绩效力的关键路径。

绩效管理的内容丰富，涉及多个关键环节。其中，专业性最强、内容最重要的是绩效模式。

在本篇第十章中，重点阐述了20种常用绩效模式、6种专业绩效模式、1种自创绩效模式。引导大家在学习和掌握专业技能的过程中，选择最适合本企业的绩效模式，指导企业实战，提高自身专业水准，提升自我职场价值。

三、特殊驱动机制

特殊驱动机制是实现绩效力的重要补充，它是实现绩效力的重要路径。

特殊驱动机制，主要针对“80后”“90后”员工的特点，开发和选择的一些特殊驱动方法，如三维驱动模型、果冻激励等，在机制上催动绩效力。

第十章

绩效模式

CHAPTER10

绩效模式，是指在绩效管理全部过程中所采用的固定方式和方法。

绩效模式是绩效管理的关键点，是绩效力的核心。选择正确的绩效模式，决定着绩效管理和绩效力的成败。

绩效模式分为常用绩效模式、专业绩效模式、自创绩效模式三种类型，在本章中分别进行阐释。

第一节 常用的20种绩效模式

常用绩效模式，是指在绩效管理中经常采用、操作相对简便（与专业模式、自创模式相比）的绩效管理模式。笔者选择整理20种常用的绩效模式，分别进行介绍。

一、20种常用的绩效模式

1. 90°绩效模式

90°绩效模式亦称垂直模式、一支笔模式，是指领导对直接下属进行工作评价（打分），评价的结果100%与最终结果挂钩。

90°绩效模式一般适用于工作性质比较单一、管理集权程度高的企业。

需要注意的事项：领导者的好恶，考核要素合理，考核监督。

2. 180°绩效模式

180°绩效模式亦称双向模式，是指被考核者的领导及被考核者的下属，双方同时对被考核者进行工作评价（打分）。各自评价的结果按照双方不同权重比例（如70%和30%）与最终结果挂钩。

180°绩效模式一般适用于企业管理类的主管、经理、总监等岗位。

需要注意的事项：分配好领导和下属二者考核权重比例。

3. 270° 绩效模式

270° 绩效模式亦称居中模式，是指被考核者本人、被考核者的领导、被考核者的下属，三方同时对被考核者进行工作评价（打分）。各自评价的结果按照不同权重比例（如30%、50%、20%）与最终结果挂钩。

270° 绩效模式一般适用于普通的中层管理者，如主管、经理、总监等。

需要注意的事项：分配好三者权重比例，三方评价偏差过大的数值修正。

4. 360° 绩效模式

360° 绩效模式亦称全景模式，是指被考核者本人、被考核者的领导、被考核者的下属、相关部门人员或客户等，四方或多方同时对被考核者进行工作评价（打分）。各自评价的结果按照不同权重比例（如20%、40%、20%、20%）与最终结果挂钩。

360° 绩效模式一般在工作开放性强（营销、售后服务等）、工作配合多、工作重叠多的情形下应用。同时，也可以在一些特殊时刻（员工晋升、淘汰人员等）应用。

需要注意的事项：分配好四者权重比例，避免过度注重人际关系。

5. 目标任务书模式

目标任务书模式，是指按照企业与相关责任人（各级管理人员等）签订的目标责任书内容进行绩效管理、绩效考核。

目标任务书模式，对于企业重要岗位的高级管理人员效果比较明显。

需要注意的事项：明确完成任务的标准核定和兑现事项。

6. 工作计划模式

工作计划模式，是指按照一定时期（周、月、季度等）的工作计划完成情况进行考评。

工作计划模式的适用范围较广，企业、部门、各级管理者、普通员工均可使用。

需要注意的事项：可结合工作例会进行，注意工作计划的完成标准。

7. 工作职责模式

工作职责模式，是指按照各个岗位的工作职责（职务说明书）进行考评。

工作职责模式一般适用于工作性质比较稳定的情形，也适应于非目标管理的情形。

需要注意的事项：工作职责（职务说明书）规范性、量化操作性。

8. 工作倒计时模式

工作倒计时模式，是指以将来某一个重要时间（时刻）为起点，进行反向工作排序的一种绩效模式。在反向工作排序中，各个时间段的时间结点要牢牢把控。

工作倒计时模式适用于企业重要事件（如企业上市、10周年庆典、新产品投放市场等）的绩效管理工作。

需要注意的事项：阶段（结点）任务的完成标准，未完成任务的补救措施。

9. 事件倒追模式

事件倒追模式，是指按照已经发生的对企业有重要影响力的外部事件，追溯到员工本人而进行绩效管理的一种方法。

例如，某员工在企业外的善举大大提高了企业美誉度。企业经过调查，找到这位“好事不留名”的员工，进行必要的奖励。又如，企业产品出现严重质量问题，在社会上造成了不良影响。企业找到相关责任人员，进行必要的处理并采取防范措施。

事件倒追模式适用于很多企业，而将这种模式进行整体设计、提前告知员工的企业并不多见。

需要注意的事项：事件证据和考核标准，事件真由和影响度判断。

10. 贡献积分模式

贡献积分模式，是指对企业有重大贡献（如用生命保护企业财产等）、一般贡献（如下班发现未断电机器及时关掉电源等）的员工行为进行累计积分的一种绩效管理模式。

贡献积分模式对员工树立“以企业为家”的理念具有重要影响力。

需要注意的事项：营造氛围，积分标准，积分兑现。

11. 德能勤绩模式

德能勤绩模式，是指按照思想品德（德）、工作能力（能）、工作态度（勤）、工作业绩（绩）四项要求对员工进行考评。

德能勤绩模式在国有企业中应用较多。

需要注意的事项：对传统考评标准进行升级。

12. 尽能考核模式

尽能考核模式与常规的考核模式（目标考核、职责考核等）相左，它是指以员工"尽到最大能力"为标准的一种绩效管理模式。

尽能考核模式看重的是"工作态度"和"个人潜力"，对于挖掘员工潜力、实现企业和员工的共同愿景很有帮助。如果你有幸加入了"尽能考核模式"的企业，恭喜你！因为这样的企业很少遇到，真正做到了"以人为本"。

需要注意的事项：制定标准科学合理，标准的阶段调整，做好绩效辅导谈话。

13. 名次大排队模式

名次大排队模式，是指将企业全体人员（包括领导）按照序号进行排列的一种绩效管理模式。通过这种模式，可以清晰看到每个人在企业中的"位置"。

名次大排队模式可以在人员"优胜略汰"时使用，也可以作为工作督促和工作警示。

需要注意的事项：谁来排队，如何排队，排队结果是否公开。

14. 无记名投票模式

无记名投票模式，是指对一些被考核者采取"背对背"、"不记名投票"的考评方式。

无记名投票模式具有真实性、客观性的特征，在一些重要考核事项中经常被采用。

需要注意的事项：考评规范性和投票人员匿名保护，投票结果与目标结果是否吻合，考评结果最终确认。

15.检查评比模式

检查评比模式，是指根据检查结果进行考评（评比）的一种考核方法。

检查评比模式在国有企业中应用较多。

需要注意的事项：检查全面，评比公正。

16.强制分布模式

强制分布模式，是一种强行指定某项指标数量的绩效考核模式。

例如，为避免考核者充当老好人，给部门5个员工全部考评为“良好”的情形发生，强行指定“良好一人”“合格三人”“不合格一人”。

强制分布模式针对性强，等级划分清晰，在重要事项和日常考核中均可采用。

需要注意的事项：分布的比例，同类性质但差距细微的妥善处理。

17.关键事件模式

关键事件模式，是根据已经发生的关键事件或故意设计的关键事件进行考评。

关键事件模式适合于考察企业重点人员，考察企业核心人员。

需要注意的事项：掌握火候，避免适得其反的情形发生。

18.无为而治模式

无为而治模式，是指在一定时间内不安排被考核对象工作，考察其自主工作、饱和度、质量效果等。

无为而治模式适合于特殊岗位的新入职人员、有问题待查人员、工作性质相对松散的重要岗位人员等。

无为而治模式拥有充足的时间和空间，也可以作为领导者技能和被考核人绩效的一种检验方法。在本篇案例七当中，那个HRM就是运用这种方法考核几个新入职的部门经理，划分出A、B、C三个等级。

需要注意的事项：考虑人力时间成本（尤其是高薪）效能，做好监督和必要的指导工作。

19. 高压考核模式

高压考核模式，是指考核者故意加大工作负荷或者在心理上故意刺激被考核者（过度严厉批评等）而观其表现的一种绩效管理模式。

高压考核模式适用于工作强度大、工作效率要求高、部分关键岗位；也适合于在准备提拔、重用人员的情形下使用。

需要注意的事项：失败后的应对措施，提前准备的、事后告知的证据保留工作。

20. 场景结构模式

场景结构模式，是指故意设计、制造某种固定场景（如摔倒、辞退、请假等）进行考察的一种结构式方法。

场景结构模式能深层次触摸被考核者职业素养、职业技能底线，是被许多企业认同的一种模式。

需要注意的事项：场景精心设计，被考核者的意外情形处理。

下面是20种常用绩效模式汇总表，如表10–1所示。

表10–1　20种常用绩效模式

设计元素	绩效模式			
角度维度	90°绩效模式	180°绩效模式	270°绩效模式	360°绩效模式
工作设计	目标任务书模式	工作计划模式	工作职责模式	工作倒计时模式
来源追踪	事件倒追模式	贡献积分模式	德能勤绩模式	尽能考核模式
评价方式	名次大排队模式	无记名投票模式	检查评比模式	强制分布模式
特殊方法	关键事件模式	无为而治模式	高压考核模式	场景结构模式

二、补充说明

关于20种常用的绩效模式，就相关事项进行补充说明：

（1）在20种常用的绩效模式当中，每一种绩效模式都包括多项内容（具体操作方法等）。笔者只是简述了模式要义、适用（使用）范围、注意事项三个层面内容。使用者可据其选择自己喜欢并适用的绩效模式。

(2) 上述20种绩效模式的大部分内容，很多人应该已经熟知、深知（甚至感觉早已过时），使用者可以结合以前的知识和经验，进行补充完善。不过需要说明一点，这20种绩效模式的思维精髓永远不会过时，而且经过不断充实和创新，会显现出更大价值。

(3) 上述20种绩效模式各有千秋、各有利弊，在选择当中要扬长避短、相互借鉴，必要时可拆分或组合使用。

(4) 在企业实战中20种绩效模式的操作，按照绩效管理的四个完整步骤（计划、辅导、考核、反馈）进行，才能达到理想的效果。考核只是其中的一个步骤，这一点千万不能忽视。

(5) 常用绩效模式远远不止以上20种，笔者只是列出一部分，供读者选用参考。

第二节 专业绩效模式

专业绩效模式是绩效管理的核心模块，是绩效力的专业支撑。专业绩效模式运用管理、经济、信息等学科专业知识和技能，形成了在业界有较大影响力的绩效管理模式。

笔者挑选了EVA、KPI、BSC、OKR、阿米巴、KSF六种专业绩效模式，将其核心内容进行概括和浓缩，以便读者深刻、快捷地理解六种专业模式的精华，选择合理的专业绩效模式。

一、EVA模式

EVA模式，亦称经济附加值模式。EVA是Economic Value Added的缩写，意为“经济附加值”。笔者将EVA模式的主要内容概括如下：

（一）EVA 模式主要解决什么问题

EVA 模式主要解决了企业经营管理中两个难点问题：第一，缺乏统一的标准来衡量企业的经营成果和市场价值；第二，解决了所有者与经营者（管理者、员工）之间的矛盾。

（二）如何计算 EVA

EVA 是在扣除为产生利润而投资的资本成本后所剩下的利润，即税后净营业利润减去反映了企业资本成本的资本费用。

计算公式：EVA= 税后净营业利润－资本成本

其中，资本成本包括股本成本、债务两项内容。

在本篇案例八中，张某考虑的第二种计算方法（算法 B）就是 EVA 算法，运用了投资的股本成本（资金成本），具有 EVA 智慧。

（三）EVA 模式的操作要点

EVA 模式在操作中，要注意三个关键环节，即建立指标管理体系、建立 EVA 激励机制、理念和技能培训。

1. 建立指标管理体系

按照“税后净营业利润”和“资本成本”两项关键指标分别建立管理体系，做好下列三项工作：

第一，节约成本、降低纳税额，在不增加资金的前提下提高税后净利润。

第二，保证投资项目税后净利润增加额必须大于资金成本增加额。

第三，按照 EVA 的衡量标准，调整和优化企业资本结构，实现资金成本最小化。

2. 建立 EVA 激励机制

普通的奖励制度，鼓励管理者或员工与企业制度进行博弈，为了一个容易实现的利润目标而讨价还价（这一目标可能大大低于他们的潜在能力）。当确信业绩可以达到目标时，管理者或员工更愿意无所作为。这一制度对优良业绩奖励过少，却对较差业绩奖励过多，使管理者和员工丧失了主观能动性。

EVA 模式之所以获得成功，就在于它将管理者或员工与所有者的利益捆在一起。EVA 激励机制将 EVA 的改善与员工工作业绩挂钩，形成一种独特的激励制度（对 EVA 的增加值提供奖励）。鼓励员工创造更多财富，让员工像所有者一样思考和行动，激发管理者和员工创造业绩的能力（绩效力）。

在建立 EVA 激励机制的过程中，需要经过两个关键步骤：第一，激励的前提；第二，激励的管理。

（1）激励的前提。

EVA 激励机制激励的前提是：只对 EVA 的增加值提供奖励，其他方面不在考虑范围内。

换言之，员工工作业绩再好，如果没有 EVA 增加值，也不会进行奖励。

（2）激励的管理。

笔者以为，EVA 激励机制的管理可以采取“奖金发放和奖金库存对半管理”的方式，即用于激励的奖金 50% 可以发放到员工手中，其余 50% 暂不发放，计入奖金库存之中。

奖金库存的作用有两个：一是实现资本储存升值；一是防备风险（今后遇到 EVA 下降，可以用奖金库存中的资金弥补损失）。奖金库存让管理者和员工的财产具有承受风险的“银行”特征，使管理者和员工变成所有者。

3. 理念和技能培训

（1）理念培训。

理念培训，是指对企业全体员工进行“EVA 模式思维理念”的培训。

EVA 模式思维理念，包括两个方面的内容：第一，EVA 代表着企业衡量业绩和员工奖励方式的变化；第二，所有传统惯例都要围绕 EVA 进行改变，建立新的思维模式。

通过理念培训，让“EVA 模式思维理念”牢固地扎根于企业全体员工的头脑之中。

(2) 技能培训。

EVA 模式涉及财务、管理、经济等方面的专业知识，需要对管理者和员工进行专业知识和技能的培训；EVA 模式在企业中的设计、使用、检验等内容，需要对管理者和员工进行针对性的技能培训。

通过理念和技能培训，让企业全体员工了解 EVA、重视 EVA、操作 EVA、享受 EVA，为企业创造真正的绩效，为员工带来真正的福利。

学习 EVA 模式，笔者有两条建议，供读者学习和选择 EVA 模式时参考。

建议一：捕捉精髓，广泛使用

很多人在学习 EVA 知识之后，感觉财务术语多，专业性太强，而且操作相对复杂；而当你静下心来，仔细阅读几遍之后，你会逐渐寻找到 EVA 的脉络，捕捉到 EVA 的精髓。

EVA 模式最大的亮点 (精髓) 是，把员工和投资者的利益巧妙地连接起来，避免了各自为战的行为意愿。

捕捉到这个精髓，就有了“模式之魂”。在企业实战中，你可以选择 EVA 模式，也可以不选择 EVA 模式，但 EVA 模式的精髓不能丢掉。EVA 的“模式之魂”可以通过各种形式在企业实战中广泛应用，给你带来更多的启发和收获。

建议二：选择模式，专业保障

如果选择了 EVA 模式，将 EVA 模式作为实现绩效力的主要工具，就要有两项专业性的保障。

第一，财务专业保障。企业中的财务人员，专业性强、经验丰富，最好具有 EVA 模式实际操作经验。但是，能够将枯燥专业知识和技能简单化的本领，不是一般财务人员能够做到的。因此，应该着力加强财务人员专业知识和技能的训练。

第二，人力资源专业保障。企业中的 HR 人员，专业底蕴丰厚、专业技能强，最好具有 EVA 模式设计相关经历。同时，HR 部门在企业中处于举足轻重的位置。这样，在 EVA 模式的整体布局、员工激励等操作环节，才能扛得起、震得住、出效益。

二、KPI 模式

KPI 模式，即关键业绩指标（Key Performance Indicator）模式。KPI 把企业的战略目标分解为可操作的、关键性的量化管理指标。

KPI 模式的指标专业、内容较多。这里重点阐述以下两点内容：

（一）KPI 模式与普通绩效模式的区别

KPI 模式（以下简称 KPI）与普通绩效模式（以下简称普通模式）的区别主要体现在以下五个方面。

（1）考核目的不同。

KPI 以战略为中心，指标体系的设计和运用为战略目标服务；普通模式以控制为中心，指标体系的设计与运用来源于控制的意图。

（2）假设前提不同。

KPI 假定人们会采取一切积极行动努力实现事先确定的目标；普通模式假定人们不会主动采取行动去实现目标，不清楚应采取什么行动去实现目标。

（3）指标来源不同。

KPI 来源于战略目标与竞争要求的各项增值性工作产出；普通模式来源于对过去行为与绩效数据的参考和修改。

（4）价值牵引不同。

KPI 强调下道工序是上道工序的客户，上道工序是为下道工序服务的，内部客户的绩效链最终体现在为外部客户的价值服务上；普通模式强调完成各自的工作计划、工作任务、工作目标，履行岗位职责，强调岗位的功能。

（5）指标数量不同。

KPI 考核指标的数量少之又少，聚焦少量关键指标；普通模式考核指标的数量较多，而且指标涉及的范围较广。

（二）建立 KPI 指标体系

建立 KPI 指标体系是 KPI 模式的核心环节，重点是建立三级体系和价值树两项内容。

1. 建立三级体系

建立三级体系，是指建立企业级、部门级、岗位级三级指标体系。

(1) 企业级 KPI。

根据企业的战略目标，用头脑风暴法和鱼骨图分析法找出企业的业务重点（企业价值评估的重点）。之后，找出这些关键业务领域的关键业绩指标(KPI)，即企业级 KPI。

(2) 部门级 KPI。

部门主管依据企业级 KPI 对部门的 KPI 进行分解，确定相关的要素目标，分析绩效驱动因素，确定实现目标的工作流程，分解出部门级的 KPI（评价指标体系）。

(3) 岗位级 KPI。

部门主管和部门人员一起将 KPI 进一步细分，分解为各岗位的业绩衡量指标。这些业绩衡量指标是员工考核的要素和依据。

某企业 5 个部门（营销、研发、采购、生产、财务）的 KPI 指标，如表 10–2 所示。

2. 价值树

价值树亦称价值树模型，它以图形的方式清晰地展现了关键业绩指标所对应内容之间的逻辑关系。

价值树主要包括六项内容：第一，战略主题，即公司的战略目标；第二，关键业绩指标，即公司的战略目标所对应的关键业绩指标；第三，关键驱动流程，即撬动、驱动完成关键业绩指标的工作内容；第四，关键流程绩效，即关键驱动流程所对应的关键驱动绩效指标；第五，指标涉及部门，即关键驱动绩效指标所涉及的一些部门；第六，检验核实流程，即对完成关键业绩指标、关键驱动绩效指标进行检验核实的人员。

笔者为国内某 IT 集团做管理咨询使用过价值树。如图 10–1 所示。

表 10–2　某企业 5 个部门 KPI 指标列表

项目	营销部门	研发部门	采购部门	生产部门	财务部门
组织增幅	销售额增长率	新产品销售额比率增长率	合格物料及时供应率提高率	及时齐套发货率增长率	净利润增长率
生产率提高	人均销售毛利增长率	人均新产品毛利增长率	人均物料采购额增长率	人均产值增长率	管理人员比例降低率
成本控制	1. 销售费用率降低率 2. 合同错误率降低率	1. 老产品技术优化及物料成本降低额 2. 运行产品故障数下降率	可比采购成本降低率	1. 制造费用率降低率 2. 产品制造直通率提高率	管理费用降低率

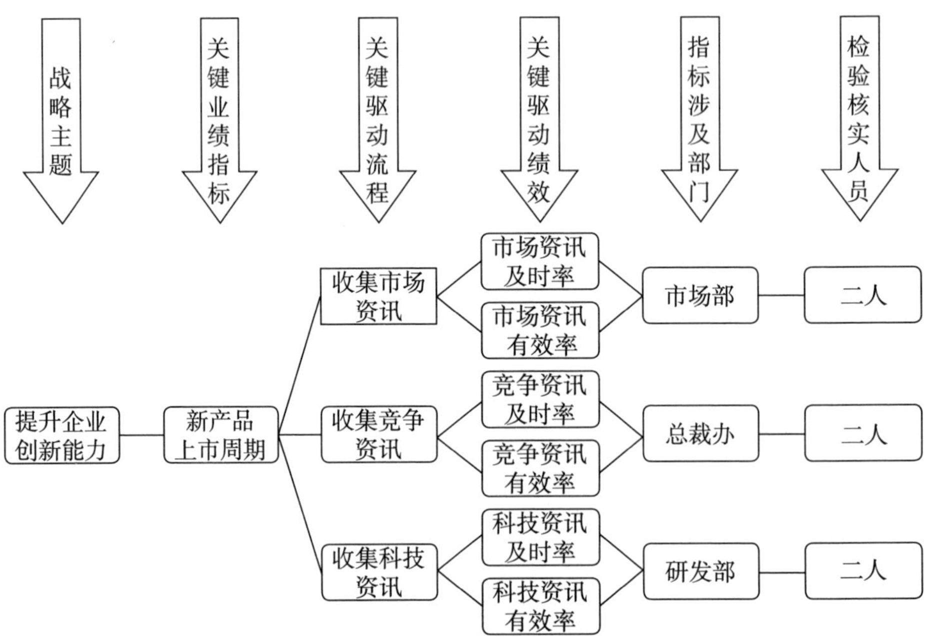

图 10–1　价值树示意图

价值树模型，勾画出战略目标分解、关键业绩指标、关键驱动流程、关键驱动绩效、指标涉及部门、检验核实环节的完整流程，可以清晰阅读和思考 KPI 体系的完整内容。

学习 KPI 模式，笔者有两点建议，供读者学习和选择模式时参考。

建议一：双向十字剥笋，掌握学习要领

KPI 模式的难点和关键，是寻找和建立关键业绩指标，分解和运用关键驱动流程。读者可用双向十字剥笋法进行学习和选择。

双向十字剥笋法是笔者针对 KPI 模式提出的一种特殊学习方法。“双向十字”是指纵向和横向交叉组成一个“十”字;“剥笋”是指层层剥开，丝丝入扣。

双向十字剥笋法的精髓是，纵向用三级体系层层建立 KPI，横向用价值树打通所有驱动流程。纵横交叉点（十字交叉点）是企业战略目标。

建议二：区别相近概念，吸取各自长处

在 KPI 模式学习过程中，要区别 KPA、KRA、KGI 等几个相近的概念:

KPA（Key Process Area) 为关键过程领域，KRA（Key Result Areas）为关键结果领域，KGI(Key Goal Indicator) 为关键目标指标。这些相近概念均有自己的长处，要相互吸收借鉴。

另外，KPI 与 BSC（平衡计分卡)、OKR（目标关键成果)、KSF（关键成功因素)、PKT（岗位关键指标）四项也有相近内容，学习时要特别留意。

三、BSC 模式

BSC 模式，即平衡计分卡（Balanced Score Card）模式。它将企业战略目标逐层分解转化为各种具体的相互平衡的绩效考核指标体系。

这里分别从平衡计分卡的四个维度、三个原则、两套指标、一项关联分别进行介绍，即“平衡计分卡 4321 学习法”。

（一）平衡计分卡的四个维度

平衡计分卡的四个维度，是指财务、客户、内部运营、学习成长四个方面。四个维度是平衡计分卡的核心内容。

1. 财务

财务，是向股东展示最终成果的维度，也是企业经营的目标。

财务通常与获利能力有关，指标衡量的主要内容有：收入的增长、收入的结构、降低成本、提高生产率、资产的利用率和投资战略收益等。

2. 客户

客户，是向客户展示“我能给你带来什么”的维度。

客户最关心五个方面的问题：时间、质量、性能、服务和成本。企业必须在这五个方面树立清晰的目标，将这些目标细化为具体的指标和驱动流程。

3. 内部运营

内部运营，是向股东和客户展示“我有哪些优势”的维度。

建立平衡记分卡，通常是在制定财务和客户方面的目标与指标后，才制定企业内部流程的目标与指标。这个顺序能够抓住重点，专心衡量那些与股东和客户息息相关的流程，包括产品质量、完成订单时间、生产率、新产品开发和客户满意度等。

4. 学习成长

学习成长，是向股东和客户展示“我有哪些进步和潜力”的维度。

为了弥补企业的实际能力与突破性业绩所需能力之间的差距，必须投资于员工技能的再造、组织程序和日常工作的梳理，如员工满意度、员工保持率、员工培训和技能等，细化这些指标的驱动流程。

（二）平衡计分卡的三个原则

建立平衡计分卡的三个原则是因果关系原则、业绩指标与驱动指标原则、与财务连接原则。

1. 因果关系原则

平衡计分卡的因果关系分为两类：一类是财务、客户、内部运营、学习成长四个维度的因果关系，一类是四个维度内部“滞后指标”与“领先指标”之间的因果关系。

第一类因果关系，例如，客户维度即是工作流程维度的结果，又是财务维度的原因等。

第二类因果关系，例如，某项财务指标（滞后指标）是某项客户指标（领先指标）的结果等。

2. 业绩指标与驱动指标原则

在平衡计分卡指标体系当中，每项业绩指标都应该有相应的驱动指标。这一点与 KPI 模式中的关键业绩指标的关键驱动流程相同。

3. 与财务连接原则

财务指标是平衡计分卡指标体系的终端，其他维度指标最终都会反馈在财务指标上。例如，通过培训学习（学习成长维度），可以提高工作效率（内部运营维度），获得客户更高满意度（客户维度），带来更多销售额（财务维度），等等。

（三）平衡计分卡的两套指标

平衡计分卡的两套指标是指财务性指标和非财务性指标。

平衡计分卡打破了传统的只注重财务性指标的业绩管理方法，两套指标体系并行存在。

财务性指标显示出企业战略执行是否为最终经营结果（如利润）的改善做出贡献。非财务性指标（如质量、生产时间、生产率和新产品等）的改善和提高是实现财务性指标的重要手段。

（四）平衡计分卡的一个关联

平衡计分卡的一个关联是指 BSC 与 KPI 的关联。KPI 是 BSC 体系的指标骨架，BSC 一刻也离不开 KPI。

BSC 四个维度指标体系中均可以使用 KPI，如财务维度的销售增长率、客户维度的新客户开发率、内部运营维度的新产品上市周期、学习与成长维度的员工培训收益等。

学习 BSC 模式，笔者有三点建议，供读者学习和选择模式时参考。

建议一：找到样本，解除迷惑

在 BSC 刚传到中国不久，很多人搞不明白 BSC 到底是怎么回事，而主讲老师也多是机械式地重复“财务、客户、内部、学习”等基本知识。

笔者全力搜集 BSC 资料，当看到 ADI 公司“世界上第一张平衡计分卡”(见表 10-3) 时，眼前一亮，终于搞明白什么是平衡计分卡，四个维度是怎样在卡片上体现的。

表 10-3　世界上第一张平衡计分卡

	财年 XX 年		第一季度		第二季度		第三季度		第四季度	
	标杆	实际	标杆	实际	标杆	实际	标杆	实际	标杆	实际
财务指标										
资本收益率										
营业收入增长										
利润										
……										
客户服务										
及时交货										
供货时间										
次品率										
……										
内部										
生产周期										
流程错误率										
产能										
……										

续表

	财年 XX 年		第一季度		第二季度		第三季度		第四季度	
	标杆	实际	标杆	实际	标杆	实际	标杆	实际	标杆	实际
新品开发										
新品导入										
新品订货量 / 率										
员工流动比率										
……										

建议二：四个维度，多做文章

BSC 模式有许多内容，财务、客户、内部运营、学习成长四个维度是重中之重，也是具有系统想象力的四种要素。

围绕四个维度，可以按照 BSC 体系要求，分解各自指标单元；可以不按照 BSC 体系要求，在自己选择的其他模式（如阿米巴模式等）中植入四个维度要素；可以在四个维度基础上建立新的模式；可以在工作中借鉴四个维度的内容，等等。

建议三：谨慎选择，量力而行

BSC 模式在企业实战中有许多成功经验，也不乏失败的案例。

BSC 模式专业要求较高，整体操作难度较大，分解指标较多，权重建成复杂，而且需要各种配套措施，在选择中要谨慎而行、量力而为。

四、OKR 模式

OKR 模式，即目标与关键成果（Objectives and Key Results）模式，是明确目标和关键成果、跟踪其完成情况的一种管理工具和方法。

自英特尔公司发明了 OKR 模式后，甲骨文、谷歌、领英、推特等高科技公司竞相采用，深受 IT、互联网、风投、游戏、创意等大小企业（以项目为主要经营单位）的青睐。

（一）OKR 模式特征

1. 与普通绩效模式的比较

与普通绩效模式相比，OKR 模式主要具有下列特征：

(1) 目标与关键成果紧紧相连。

在 OKR 模式中，目标（O）与关键成果（KR）紧密相连，不可分割。O 是 KR 的方向，KR 是 O 的具体措施和检验保障。

如“提升网站质量”的目标，就要有“打开网页速度提高 30%”“网站点击量提升 20%”等关键成果。从一定意义上讲，KR 是 O 的驱动流程和成果验收标准。

(2) 目标设定是主动的、有野心的。

这一条是与其他模式的重要区别。

在 OKR 模式中，员工主动给自己设定目标。员工根据企业、部门的总体要求可以给自己设定目标、设定达到目标的关键成果指标。即使自己设定的目标未被核准，也为企业提供了有价值的参考信息。

设定的目标是有野心的。所谓野心，是指设定的目标充满挑战性，能发挥个人的最大潜能和价值。

由于目标设定是主动的、有野心的，大大提高了员工的主动性、积极性、创造性。

(3) OKR 模式是透明的。

OKR 模式从目标设定到目标执行、目标回顾等全部过程都是公开透明的。这种透明的操作可以接受组织和全体员工的监督，可以相互借鉴和学习，可以避免和杜绝许多不必要的麻烦，引导员工一心一意促成关键成果，实现自己设定的目标。这一点获得许多企业的赞赏和效仿。

2. 与 KPI 模式的比较

通过 OKR 模式与 KPI 模式的比较，更能发现 OKR 模式的优势和特征。

第一，KPI 模式强调“要我做什么”，OKR 模式强调“我要做什么”。

第二，KPI 模式侧重“数据结果”，OKR 模式提醒“该做什么”。

第三，KPI 模式强调“保质保量完成工作”，OKR 模式强调“有野心地完成工作”。

从以上特征可以看出，OKR 模式具有科学性（用 KR 驱动检验 O）、开放性（公开透明）、能动性（主动挑战目标）、创造性（发挥个人和团队最大潜能），尤其是以“90 后”为主体的、充满朝气的企业要特别关注。

（二）OKR 模式的操作关键

OKR 模式的操作关键，是指设计和实施 OKR 模式的关键环节和注意事项。笔者将 OKR 模式的操作关键汇总为五项内容。

（1）目标工作量。

写（画）完 1 张 A4 白纸（最多不能超过两张），是设定目标和关键结果的全部工作量。要心中有数，早有盘算。

一张白纸的全部工作量，如此简洁，很容易让人心动。

（2）目标沟通。

在设定目标之前，员工自己想做什么，要与领导充分沟通（单独或会议沟通）。领导同意后，可起草 OKR 文件；领导不同意，相当于为企业提出良好建议（可能是企业将来要做的事情）。

需要说明的是，多半领导会同意员工提出的目标想法。少部分领导不同意员工提出的目标想法，但也要与员工协商，而不是命令，否则会毁掉员工的自我驱动力。

（3）目标设定。

设定目标是 OKR 模式的核心环节，要按照三个要求设定目标：

第一，设定目标必须是可衡量的。

例如，不能说“努力开发新产品”，而是说“9 月 30 日前产品 C 投放市场”。

第二，设定目标要有野心。

设定目标是否有野心，可以从关键成果评分检验中反应出来。

关键结果的达成度就是评分，分值从0到1之间。如果总是得到1分，说明关键结果定得太低了；如果每次得到0.6~0.7分，说明目标设定具有合理的挑战程度。

第三，5O/4KR为上限。

按照“少而精”的原则，在设定目标时，最多有5个O，每个O下边最多有4个KR。这样能集中优势兵力打歼灭战，也能避免因指标过多带来患得患失的“焦虑感”。

(4) 目标执行。

制定了目标和关键结果后，就要围绕这个具体目标来分解任务了。关键结果的负责人就成了名副其实的项目经理，负责各类组织、协调工作，带领团队完成目标。

(5) 目标回顾。

目标回顾，是指定期（季、半年）对目标的执行情况进行检查、调整、评价、提高。

每个季度要对KR完成情况进行打分（0~1），找出存在问题（甚至可以调整目标）；每半年要进行一次业绩评价，根据评价结果调整和变更员工职级和薪酬。这些过程都是透明的，与员工共同分享，鞭策和激励员工。

学习OKR模式，笔者有三点建议，供读者学习和选择模式时参考。

建议一：留意两个细节

读者在阅读过程中要留意两个细节问题：一是企业设定目标与员工设定目标是什么关系，二是目标设定时的“0到1之间分值”如何控制。

OKR模式在目标设立时有三个层面：第一是企业层面，第二是部门层面，第三是员工层面。不管是哪个层面，在设立目标时都要按照三个要求（可衡量、有野心、5O/4KR为上限）进行。从层级原则上来讲，企业设定目标、部门设定目标、员工设定目标是层层隶属关系；从项目经理的角度来讲，员工设立的目标可能直接隶属于企业设立的目标。

关键结果的达成度评分分值在0到1之间。为达成0.6~0.7分的理想分值，在设定目标时可以考虑三个维度的问题：一是个人潜力、个人能力、个人经历，二是进行精细估算或复制相关工作法，三是大胆设定等待季度调整。这样既能人尽其才，又无后顾之忧。

建议二：自我驱动激励

OKR模式有操作简单、科学透明等众多亮点，而自我驱动性是其核心亮点。员工给自己设立目标，员工给自己设立具有挑战性的目标，员工去执行和完成自己设定的挑战性目标，做到以人为本、自我管理、自我挑战、自我驱动，这是一种自我驱动激励。这种激励的背后是信任、是勇气、是魄力。

读者可以借鉴这种方法，争取在绩效模式的选择和应用上实现新的突破。

建议三：注意适用范围

OKR模式有其他绩效模式不具备的优势，也有它的适用范围的局限性。

笔者以为，OKR模式适用于创新驱动型的企业（互联网、高科技等），适用于以“90后”员工为主体的知识劳动力型企业，适用于部分项目管理企业（或项目管理群体）。

除上述三类企业外，选择OKR模式要慎重。这里有企业体制的原因，有产品结构的原因，有群体特性的原因，等等。

五、阿米巴模式

阿米巴模式，亦称变形虫（Amoeba）模式，是指将组织分成若干小的集团（量化分权），通过与市场直接联系的独立核算进行运营，实现快速适应市场变化、全员参与的经营（绩效）管理方式。

“阿米巴”（Amoeba）是“变形虫”的意思，变形虫最大的特点是随着外界环境的变化而变化，不断进行自我调整来适应所面临的生存和生长环境。

（一）阿米巴模式的目的

阿米巴模式的目的主要有三个：确立核算制度、培养经营人才、全员参与经营。

(1)确立核算制度。

阿米巴模式的第一个目的，是确立与市场有直接联系的各个部门(组织)的核算制度。

按照“追求销售额最大化和经费最小化”的原则，把组织划分成小的单元，采取能够及时应对市场变化的部门(组织)核算管理方法。

(2)培养经营人才。

阿米巴模式的第二个目的，是培养具有经营意识的人才。

在经营权下放之后，各个小单元的领导者会树立起“自己也是一名经营者”的意识。这种立场的转变正是树立经营者意识的开端，由“被动”立场转变为“主动”立场，不断涌现出与企业共同承担经营责任的经营伙伴。

(3)全员参与经营。

阿米巴模式的第三个目的，是实现全员参与的经营。

阿米巴模式的领导者及其成员自己制定目标并为实现这一目标而感到工作的意义，全体员工能够在工作中找到乐趣和价值，齐心协力、努力工作，实现全员参与的经营。

（二）单位时间核算制度

单位时间核算制度，是阿米巴经营(绩效)体系中衡量经营(绩效)状况的重要指标。

计算公式为：单位时间附加价值 = 销售额 — 费用 (劳务费以外的原材料费等)/ 总劳动时间 (正常工作时间 + 加班时间)。

阿米巴模式设定的目标不是成本而是生产量和附加值。阿米巴模式不仅进行成本管理，还要想方设法以最少费用实现订单，以最少的费用创造最大的价值，从而实现附加值的最大化。

在传统的管理模式中，焦点在于一个产品每道工序的成本；在阿米巴模式中，焦点在于绞尽脑汁的“人”组成的团队创造的附加值。

通过单位时间核算制度，使各个部门、各个小组，甚至某个人的经营业绩（绩效）变得清晰透明、一目了然。

（三）阿米巴模式与承包模式、事业部模式的区别

阿米巴模式将组织划分为若干单位，各单位直接与市场对接进行运营。那么，阿米巴模式与承包模式、事业部模式有什么区别呢？

1. 阿米巴模式与承包模式的区别

阿米巴模式与承包模式的立足点、评价标准是不一样的，这是二者的主要区别。

阿米巴模式立足长远，注重全局、责任、长期利益；承包模式立足眼前，注重局部、现实、既得利益。

阿米巴模式的评价标准是人才培养、盈利指标、品牌美誉度；承包模式的评价标准只有盈利指标。

在企业实战中，不少企业将阿米巴模式变成了承包模式，出现了重要偏差。

2. 阿米巴模式与事业部模式的区别

阿米巴模式与事业部模式的体系作用、个人驱动点是不一样的，这是二者的主要区别。

阿米巴模式体系的作用，主要体现在“应对市场”的反应和变化；事业部模式体系的作用，主要体现在“部门功能”的反应和变化。

阿米巴模式的个人驱动点是“自己为自己打工”，是全体员工参与并发挥创造力的；事业部模式的个人驱动点是“自己为公司领导者打工”，是部门主要领导者参与并承担责任的。

事业部模式的一个发展分支是阿米巴模式，这是二者的关联之处。

学习阿米巴模式，笔者有三点建议，供读者学习和选择模式时参考。

建议一：领悟阿米巴之魂

阿米巴模式的创始人稻盛和夫在创立京瓷公司的时候，经历过这样一件事情：

一批年轻职员工作一年后，要求改善待遇并提出强硬的要求：如果不保证我们的将来就辞职。稻盛和夫当时斩钉截铁地回答：不能接受你们的条件。

数周之后，稻盛和夫心情沉重，苦思冥想终于明白了：员工们信任自己，将自己的一生都托付给公司；自己也要信任员工，为员工一生谋幸福。

信任企业，信任员工，企业和员工互相信任，这是阿米巴之魂。

有了信任，企业领导者就有了人格魅力；有了信任，员工就成了企业推心置腹的合作伙伴；有了信任，就有了企业人才的诚意培养；有了信任，就有了全体员工在阿米巴模式各环节上的同心戮力。

目前，国内一些企业照搬阿米巴模式，有不少失败的案例，其中很重要的一个原因就是：没有深刻领悟阿米巴之魂。当然，在信任危机的大环境下，做到这一点谈何容易。因此，学习和选用阿米巴模式，必须考虑这个“魂”，更不能丢掉这个“魂”。

建议二：运用阿米巴之身

阿米巴之所以称为阿米巴，就是它有“变形虫”之身。

企业按照市场导向，把组织分成各种大大小小的阿米巴。这些阿米巴根据市场变化和需要，独立运行、自我调整、灵活多变，牢牢占据了市场的主动权。

在信息经济、知识经济主导的今天，新科技、新产品层出不穷，市场环境瞬息万变，阿米巴模式将成为“宝中之宝”，在激烈的市场竞争中赢得主动，阿米巴之身将显示出强大的生命力。

建议三：把握阿米巴之度

阿米巴模式是富有特色和实战成果的一种经营模式，也是一种绩效模式。

在实际应用中要把握好尺度，否则会陷入被动，适得其反。

第一，以扎实的基础工作为保障。阿米巴模式涉及财务、人力资源、企业管理等大量基础性工作，需要快捷健全的信息、数据、资料、流程、机制作保障。

第二，阿米巴模式“以人为本”的理念不能停留到口头上。在阿米巴操作的各个环节中，要始终充满人文、信任、协作的氛围，否则阿米巴环节形同虚设，或者出现问题找不到真正的原因。

第三，根据企业实情采取相应对策。例如，全员施行阿米巴模式，还是部分施行阿米巴模式；各个阿米巴组织之间是否需要横向联系；行政部门是否施行阿米巴模式，等等。不能搞一刀切，需要根据每个企业的不同情况，采取相应策略进行解决。

六、KSF 模式

KSF 模式，即关键成功因素（key success factor）模式。KSF 模式与 CSF（Critical Success Factor）模式等同。

KSF 模式，是指运用信息系统开发和规划的方法，寻找和确认对企业（或某领域）成功起关键作用的因素，以获得良好的绩效。

（一）关键成功因素的来源和确认

关键成功因素指的是对企业成功起关键作用的因素，主要有四个来源：

（1）产业本身的经营特性（每个企业隶属于不同的产业）。

（2）竞争中的地位（大小公司地位是不同的）。

（3）环境影响（政策调整、市场波动等）。

（4）特殊理由（企业内部一些暂时因素）。

关键成功因素的确认主要有下列八个方法：

（1）环境分析法。分析政治、经济、社会等外在环境的力量。

（2）产业结构分析法。运用迈克尔·波特五力模型确认和检验产业要素。

(3) 专家法。请教企业专家、产业专家等。

(4) 竞争分析法。如何进行竞争，面临的竞争环境和态势，等等。

(5) 标杆厂商分析法。分析本行业、本产业的标杆领导厂商。

(6) 企业本体分析法。某些层面进行优劣势评价、资源组合、优势稽核评估等。

(7) 突发因素分析法。通过专家揭露一些无法查觉到的关键成功因素。

(8) 市场战略对获利影响分析法。通过 PIMS 数据库，分析市场战略对利润的影响。

通过上述来源和分析方法，找到 5 个关键成功因素 (最多为 9 个)，并最终确认。

（二）KSF 模式的操作步骤

KSF 模式的操作主要经过明确定位、识别确定 KSF、确定绩效指标内容和评估标准、制订行动纲要四个步骤。

1. 明确定位

KSF 模式的定位有两个层面：一个是企业定位，一个是岗位定位。企业定位主要明确企业发展战略、企业产品方向、企业经营目标等；岗位定位主要明确岗位核心要求、优秀胜任者特质因素等。

2. 识别确定 KSF

识别确定 KSF，要做下面三项工作：

第一，收集 KSF 信息。

广泛而重点地搜集行业、产业、领域内各类相关信息，为识别确定 KSF 提供原始资料。

第二，识别行业关键成功因素。

行业关键成功因素是在竞争中取胜的关键环节，通过矩阵打分的方法进行识别。在操作上，采用两两对比的方法，给矩阵中每一个因素打分。如果 A 因素比 B 因素重要就打 2 分，同样重要打 1 分，不重要打 0 分。对矩阵所有格子打分后，进行横向加权汇总 (权重分配)。权重最高的因素就是行业关键成功因素。如表 10–4 所示。

表 10–4 KSF 行业识别矩阵列表

得分矩阵	权重
A 因素得分矩阵 =（1，1，2，0）	权重 = 0.25
B 因素得分矩阵 =（1，1，2，0）	权重 = 0.25
C 因素得分矩阵 =（0，0，1，0）	权重 = 0.0625
D 因素得分矩阵 =（2，2，2，1）	权重 = 0.4375
结论：因素 D 为行业关键成功因素	

需要说明的是，其他关键成功因素（产业、岗位等）的识别，也可以参照行业关键成功因素的识别方法（矩阵打分）进行。

第三，确定 KSF。

对识别出的关键成功因素进行确定，可以参照“关键成功因素的八种确认方法”（前面内容已经介绍）。确定后的 KSF 内容，要依次排序、记录在案，同时做好相应保密工作。

3. 确定绩效指标内容和评估标准

关键成功因素确定后，对每一个 KSF 要制定相应的绩效指标和评估标准。

例如，确定了“产品创新”的关键成功因素之后，要设立“新产品投放市场”等绩效指标，设立“新产品研发周期”“新产品研发成本”等评估标准。

又如，确定了“职业素养”的关键成功因素之后，要设立“责任担当”等绩效指标，设立“岗位业绩担当”“关键事件责任担当”等评估标准。

确定 KSF 的绩效指标内容和评估标准，是 KSF 模式落地的重要保障。

4. 制订行动纲要

KSF 行动纲要是落实 KSF 模式的指导性文件，主要包括三项内容：一是 KSF 的产生过程，包括目标宗旨、时间周期、参与人员、识别确认方法、不确定因素分析等；二是 KSF 的绩效指标内容和评估标准（以表格形式对应列出）；三是绘制 KSF 行动甘特图（标明模块因素、时间步骤、考核验收等）。

（三）KSF 模式的三个能级层面

优秀的 KSF 模式应该由三个能级层面内容构成，分别是策略层、因素层、指标层。区分三个能级层面有两个意义：一是铭记“为企业战略目标服务”的宗旨，二是利于读者把握 KSF 模式的骨架脉络。

KSF 模式的三个能级层面，如图 10–2 所示。

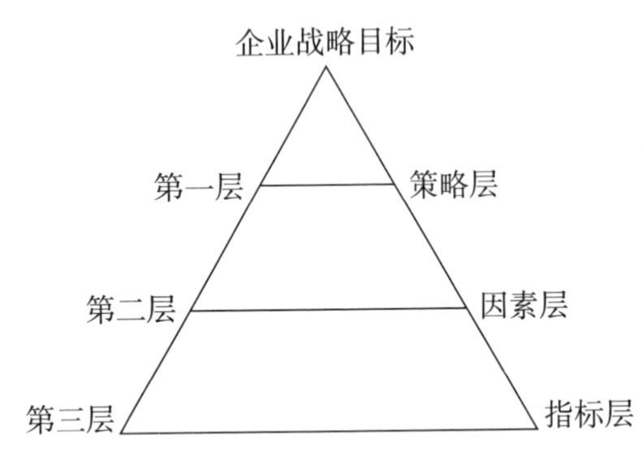

图 10–2 KSF 模式能级层面

以企业战略目标为顶点，三个能级层面环环相扣，发挥各自的功能。

第一能级：策略。

策略是企业战略目标的第一能级，直接将企业战略目标转化为策略方法。

例如，企业战略目标是“以人为本”，可以采取“内部培养核心人员”“外部引进优秀人才”两种策略。

第二能级：因素。

因素是指与每条“策略”相对应的“关键成功因素”，即 KSF。

仍以上述为例，在“外部引进优秀人才”策略上，识别确定了“是否舍得花钱”“花钱值不值”两个 KSF。

第三能级：指标。

指标是指驱动 KSF（关键成功因素）的 KPI（关键业绩指标）。

续说上述例证，在“花钱值不值”的KSF下，设立“销售增长率”“综合满意度”两项KPI。

学习KSF模式，笔者有两点建议，供读者学习和选择模式时参考。

建议一：关键成功因素，核心竞争能力

KSF模式的主旨是寻找、识别、确认对企业成功起关键作用的因素，通过KSF模式进行重新规划和实施，促成企业绩效增长，在市场中拥有核心竞争力。

我们可以这样来理解：企业的关键成功因素就是企业核心竞争力，企业核心竞争力就是企业的关键成功因素。

前一句话，是从KSF“程序角度”给出的结论，即找到并施行KSF，企业就具有了核心竞争力。后一句话，是从KSF“重视角度”给出的结论，即要提高企业核心竞争力，就要从企业关键成功因素入手。

建议二：四大绩效工具，区别借鉴使用

在六个绩效工具（EVA、KPI、BSC、OKR、阿米巴、KSF）中，有四个工具（KPI、BSC、OKR、KSF）比较接近，容易混淆，读者要仔细区别，吸取各自优势，发挥各自效能。

KPI模式，聚焦关键目标和指标，与战略预算形成完整闭环，但指标设计和落地较难，员工容易抵触。KPI模式适用于以目标为导向的强势企业。

BSC模式，强调目标之间的关联和四个维度的动态平衡，但只能整体使用，不能拆分。可与KPI、OKR、KSF结合应用。BSC模式适应于基础扎实、管理规范的企业管理岗位。

OKR模式，围绕目标关键成果，突出员工主动性和流程透明度，但对过程环节掌控较松，及时激励不足。OKR模式适用于互联网、高科技等创新驱动的公司和部分项目管理企业。

KSF模式，提炼成功关键因子，步入成功捷径，但部分信息数据处理复杂，全员参与意识欠缺。KSF模式适用于信息系统健全规范的企业。

除EVA、KPI、BSC、OKR、阿米巴、KSF六种专业绩效模式之外，还有

MBO、HR 三支柱、KAAPP、九宫格绩效等其他一些专业绩效模式，这里不再另行介绍。

需要指出一点的是，MBO（目标管理）模式，是一种重要的专业绩效模式，其内容在第一篇第五章中已做相关介绍。

第三节 自创绩效模式

自创绩效模式，是指由使用者自主研发、在实战中得到良好验证的绩效管理模式。例如，PKT 模式、MOP 模式、TTSCT 模式等。

PKT 模式，亦称 PKT 考核模式，是笔者自主研发的一种绩效管理工具。在这里，重点就 PKT 模式进行阐述。

一、PKT 模式的产生背景

笔者在从事企业人力资源管理（含为企业咨询服务）工作期间，接触最多的是员工绩效考核。在林林总总的考核方式中，哪种方法最有效、最简单？带着这个问题，笔者在分析了几十种考核方式后，挑选、提炼出 PKT 三项要素，形成 PKT 考核模式。

二、PKT 模式的三项要素

PKT 模式，是以岗位关键指标（Post key indicators）、关键事件（Key event）和时间过滤（Time filtration）三种方法的组合运用为基础，形成的立体考核模式。由于三种方法的英文首个字母组合为 PKT，因此称为 PKT 考核模式（简称 PKT 模式）。

(1) 岗位关键指标。衡量不同岗位人员行为结果的关键标准。

(2) 关键事件。关键事件有两种情况：一是已经发生的重要事件，二是为考察个人品行、能力等而提前设计的关键事件。

(3) 时间过滤。指通过一段时间或较长时间的观察、跟踪，过滤掉暂时主观、错误的推断，得到相对客观、准确的考核结果。

三、PKT 模式的主要特征

与其他考核模式相比，PKT 模式具有以下两个主要特征：

1. 点、线、面、体结合的立体特征

点：以岗位关键指标为关键点，直接反映岗位关键行为。

线：以关键事件为方向性线段，例如考核个人品质方向的关键事件、考核领导者决策能力方向的关键事件等。

面：以时间过滤为平面，即时间能说明一切，宽松环境能释放一切真实的能量，等等。

体：三者要素结合成体，体现整体、全面、客观、公正、准确的主线。

2. 全面考察、操作简单的有效特征

(1) 全面考察。

在时间（时间过滤）、空间（岗位关键指标）和关键事件上进行了全面考察。

(2) 操作简单。

操作简单体现在三个方面：一是内容少，即考核只涉及少数关键内容；二是操作便利，最大限度地减少复杂流程；三是时间宽松，即在时间过滤、关键事件考核的时间安排中，有很多空闲时间。

基于以上内容，可以这样认为，PKT 模式是一种全面、有效、简单的考核方法。

四、PKT 模式的设计步骤

（一）指标内容

在进行 PKT 设计时，首先要明确岗位关键指标、关键事件、时间过滤三项指标内容。

岗位关键指标，主要包括指标名称、数据多少、完成情况三项内容。

需要注意的是，岗位关键指标（PKI）与关键业绩指标（KPI）不是一个概念。前者聚焦岗位行为，后者聚焦岗位业绩；岗位关键指标包括 KPI，但 KPI 不完全包括岗位关键指标。

关键事件，主要分为品行关键事件、能力关键事件、绩效关键事件三种考察目的不同的关键事件。

时间过滤，主要包括自主工作状态（领导未安排工作）、受命工作状态（领导安排工作但没有规定完成期限和质量要求）、自然时间过滤（长时间地进行考察）三类情况。

（二）考核设计

按照 PKT 三项指标内容，分别进行设计。

1. 如何设计岗位关键指标

按照下列步骤设计岗位关键指标：

第一步：进行岗位（职务）分析，找出关键指标项目。

第二步：确定指标数量。按照少而精的原则选取，一般为 1 ~ 3 个。

第三步：确定指标梯次。指标梯次有平行型指标、阶梯型指标两种。平行型指标没有主次之分；阶梯型指标按照阶梯顺序排列主次。例如，考核研发岗位使用研发进度、研发质量两个平行型指标，考核销售人员使用销售收入（第一阶梯）、销售回款（第二阶梯）、客户服务（第三阶梯）三项阶梯指标。

第四步：进行指标量化。按照客观、可操作原则将指标量化。例如，将“客户服务”指标量化为“客户满意度”“客户投诉率”。

第五步：确定完成标准。例如，银行到账、产品通过验收等。

2. 如何设计关键事件

如前文所述，关键事件考核有两种方式：一种是对已经发生的重要事件进行考核，一种是对未发生的关键事件进行设计。这里重点对后者进行介绍。

对未发生的关键事件，按照下列步骤进行设计：

第一，根据不同岗位设计关键事件。例如，针对掌管钱财岗位（财务、采购等）的廉洁要素设计，针对研发人员的保密要素设计，针对公关人员的技能要素设计，等等。

第二，根据不同需要设计关键事件。例如，哪些员工可以转正，哪些可以辞退；假定企业危机时对员工忠诚度和稳定性考察；执行特殊任务前的关键人员筛选，等等。

在设计思路完成后，故意制造场景进行考察。例如，假扮供货人员给公司采购人员回扣，假扮陌生人员向研发人员打探项目机密，假意辞退某员工观察其表现，等等。

3. 如何设计时间过滤考核

时间过滤的最大特点是给考核对象充足的时间（或空间），继而得出相对理性和准确的考察结论。如前文所述，时间过滤有自主工作考核、受命工作考核、自然时间过滤三种情况。

（1）自主工作考核。

指在一定时间内不给员工安排工作，观察其表现和工作内容。主要考核工作主动性、工作安排合理性和效率、工作重点是否突出、企业文化认同程度。对新入职员工，以及存在问题的老员工尤为适合。在本篇案例七中，那个 HRM 就是设计的“自主工作考核”。

（2）受命工作考核。

指给员工安排工作方向或部分工作内容而没有规定完成期限、质量要求等其他因素。主要考核工作执行效果、工作复命意识、职业素养高低。《把信送给加西亚》一书中给加西亚送信的人——罗文，他的忠诚敬业、强力执行、不提条件、不找借口的职业素养，值得每个职业经理人用心体会。

（3）自然时间过滤。

指按照自然时间顺序（如一个月或半年等）进行的考核。在此期间，一般不进行打扰。这是对员工真实、本质的考核，也是省力、有效的考核。

由于自然时间过滤考核的时间（空间）相对宽松，在设计和执行时要注意以下事项：一是保证工作任务不受影响，二是考虑工资成本问题，三是工作标准和工作时限，四是被考核人理解程度，可能中途退出（离职等）等情况。

五、PKT 模式的关联使用

所谓关联使用，是指将 PKT 三个要素中的两个或三个要素进行组合，联合使用。

（一）关联方式

关联方式有四种，即 PK 关联、PT 关联、KT 关联、PKT 关联。如图 10–3 所示。

(1) PK 关联：岗位关键指标（P）、关键事件（K）二者联合使用。

(2) PT 关联：岗位关键指标（P）、时间过滤（T）二者联合使用。

(3) KT 关联：关键事件（K）、时间过滤（T）二者联合使用。

(4) PKT 关联：岗位关键指标（P）、关键事件（K）、时间过滤（T）三者联合使用。

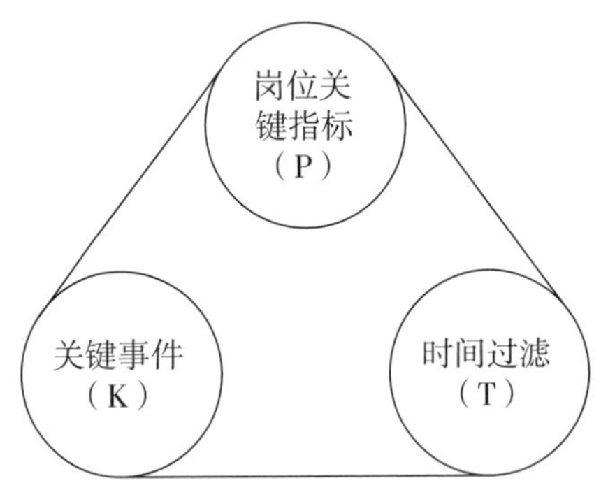

图 10–3　PKT 关联图

（二）关联方式在企业考核中的运用

PK 关联适用工作任务紧急、重要、时间周期短的考核。例如，对某项重要任务进行考核。

PT 关联适用全局型重要岗位、时间周期长的考核。例如，总经理、项目负责人等。

KT 关联适用非全局型重要岗位、时间周期长的考核。例如，财务人员、研发人员、采购人员、库管人员等。

PKT 关联适用时间周期长的全部岗位。

学习 PKT 模式，笔者有四点补充说明，供读者学习和选择模式时参考。

补充说明一：原创说明

PKT 模式涉及的三种方法（岗位关键指标、关键事件、时间过滤），是考核的常用方法，笔者将其提炼出来，形成“PKT 模式”以及关联使用，是新的研发成果。

补充说明二：使用说明

针对不同的绩效环境和考核群体，PKT 模式在使用时可以注入某种专业模式元素，结合起来进行使用。例如，岗位关键指标可注入 KPI 指标元素，关键事件可注入 OKR、KSF 元素，时间过滤可注入 EVA 元素，PKT 关联可注入 BSC 元素，等等。强化针对性效果，发挥模式更大效能。

针对“80 后”“90 后”员工的 MOP 模式，就是一个注入专业元素的例证。

补充说明三：效果说明

PKT 模式操作简单、要件突出，在企业实战中可广泛应用。笔者多年管理实战得到验证，服务企业效果反馈良好，为企业解决了许多实实在在的问题，包括一些多年棘手的问题。

补充说明四：优化说明

PKT 模式是一种绩效管理落地模式，在与企业战略规划的衔接核准、企业变革措施的应对、设计和操作人员的规范化培训等方面，需要不断进行优化和升级，为企业创造更多绩效。

第十一章

特殊驱动机制

CHAPTER11

特殊驱动机制，是指针对“80后”“90后”员工的特点，开发和选择的一些特殊驱动方法（三维驱动模型等），在制度体系上催动绩效力。特殊驱动机制是实现绩效力的重要保证。

第一节 “80后”“90后”员工的特点

随着时代的发展，“80后”“90后”员工逐渐成为企业的主力，发挥着不可替代的作用。同时，他们与“60后”“70后”员工相比，在价值观、理念、思维方式等方面存在较大差别，甚至让人“看不惯”“很头疼”“不适应”，对他们逐渐形成一种偏见。

一、“四不靠”的主要表现

“80后”“90后”员工的一些表现，常常让人不满意、不“感冒”，甚至无可奈何。主要表现在四个方面（四不靠）：

1. 办事不可靠

A公司“70后”经理张某，交代“90后”员工小李去银行办事。第二天，张某问小李事情办得怎么样了，小李说银行没有开门，办不了。第三天，张某又问小李，小李说银行要提前准备资料。第四天，张某上班就去找小李，小李没来上班，而且电话关机联络不上。

张某心里感叹：“这也太不可靠了吧。作为一个员工，去银行之前就要打探好是否营业，需要准备什么资料。最可气的是没有工作复命、不来上班也不请假……”

2. 说话不着调

B公司上月工作例会上，1988年出生的部门经理C发言说：“我们部门本月的主要工作任务就是围绕企业战略目标开展工作，把战略目标落到实处，把战略目标当成大事……”“60后”总经理打断他:“别总说虚的，来点实的。”C说:“实的就是完成销售额100万元。”总经理问:“能完成吗?”C说:“没有任何问题。”

本月工作例会上，总经理问C:“销售额完成了多少?”C说:“这个月市场环境不好，员工积极性不高，只完成2万元。”总经理对C说:“你该换换位置了。”

3. 工作不稳定

工作不稳定主要表现在两个方面:一是工作状态和工作情绪不稳定，忽高忽低、忽冷忽热、忽好忽坏;二是频繁跳槽，这山望着那山高。

4. 工作不好管

对工作中出现的问题，说深不行，说浅也不行。在这些员工中，有的是满口道理，比你还能说;有的是一触即跳，马上跟你翻脸;有的是你说你的，他做他的。

“80后”“90后”员工的“四不靠”特征令许多管理者和“60后”“70后”员工看不惯、很头疼、难适应，甚至有些人互相安慰:现在的孩子(员工)都这样，没给你惹事就知足吧。

二、“80后”“90后”员工的独特优势和表现

客观地讲，“80后”“90后”的部分员工确实有“四不靠”的表现和倾向，但也有其独特的优势和表现，主要体现在下列四个方面:

1. 注重现实

“80后”“90后”员工非常注重客观现实，反感空洞的理论说教和画饼充饥的做法。他们分析和处理问题(包括各种利益)，从客观现实情况出发，非常务实，讲求实效。

2. 酷爱创新

“80后”“90后”员工对各种传统僵化、机械化、形式化的理念和行为恹恹欲睡，甚至痛苦至极;对充满神奇、挑战、创新的事物心驰神往。这一点

也是特殊驱动机制设计的一个原生动力。飞镖激励、果冻激励等方法，就是以此为据。

3. 关注自我

企业传统的理念是“以企业为家，与企业共同成长”。“80后”“90后”员工的理念是“企业能给我带来什么”而不是“我能给企业带来什么”。在工作中也是如此，关注自我成长、自我利益、自我表现、自我消化。在这一点上，企业各级管理者要有充足的思想准备，将其转化成一种驱动力。

4. 学习力强

“80后”“90后”员工思维敏捷、理念时尚，能快速吸收各种知识(特别是互联网和现代科学知识)，并结合工作岗位要求和工作实践成果转化为学习力。据此，企业可以通过各种方式鼓励员工学习，开展各类培训，不断为员工“充电”，在人才培养计划和职业生涯规划中，为员工创造条件。

员工培训固然重要，但是如果员工离职了，企业这样做不是为别人做嫁衣了吗？这是许多企业领导者思考和面临的一个共同问题。

企业花费很多时间、费用、资源、精力进行员工培训，或针对某些骨干员工进行重点培养。然而，员工提出离职，要到别的公司另谋高就，企业岂不是白忙活了吗？为别人做了嫁衣，这样做值得吗？

针对这个问题，笔者专门做过课题研究和样本跟踪，得出这样的结论：认为“培训不是为别人做嫁衣”的企业是成功的企业。

企业对员工的培训从短期效果来讲，肯定会对企业提高效益有所帮助。另外，不必担心培训员工将来离开公司。这些员工经过培训，个人获得真本事，他们会对公司心存感激，也是公司口碑宣传的粒粒种子。

分析“80后”“90后”员工的特点，特别是注重现实、酷爱创新、关注自我、学习力强的优势和特征，为特殊驱动机制的设计提供了重要参考依据。

第二节　制度体系设计

这里所称制度体系，是指针对“80后”“90后”员工的特殊驱动机制体系，包括制度与机制的关系、制度设计的魔力、特殊驱动机制设计思路三个方面的内容。

一、制度与机制的关系

制度是人们共同遵守的办事规程或行动准则，例如篮球竞赛规则、公司行政管理制度、财务管理制度等。

机制是组织内部各构成要素之间相互联系、作用及其功能，例如人才开发机制、管理预警机制等。

制度侧重于“办事规矩”，机制侧重于“办事功能”；制度包括机制，机制以制度为载体，隶属于制度范畴。

二、制度设计的魔力

先看两个生活场景。

场景一：两人吃一个苹果，一个人负责把苹果切成两半，怎样才能切得公平（苹果切出的每一半正好是二分之一）呢？

疑惑是：切大了吧，别人挑走了，自己吃不到；切小了吧，自己吃亏了。

答案是：苹果切开以后，让另一个人（不切苹果的人）先挑，让切苹果的人后挑。

场景二：甲乙二人各存一件文物，组合起来是件宝贝（如鸳鸯壶等）。两件文物如果分别卖出，每件只能卖个普通价格；两件文物如果组合在一起卖出，价格可翻十几倍。问：甲乙双方如何制定各自的价格（既能卖出去，又能得到最大利润）？

疑惑是：自己定价高了吧，两件文物都卖不出去；自己定价低了吧，自己利益受损了。

答案是：一个人给自己的文物定价，另一个人携两件文物组合去卖。

制度设计的关键是利益分割和驱动。以上两个案例虽然是生活中的事情，但掌握了制度设计的关键，能拨云见日，四两拨千斤，这充分体现了制度设计的魅力。

有句老话说，“好制度把鬼变成人，坏制度把人变成鬼”，道出了制度设计的关键作用和魅力所在。

三、特殊驱动机制设计思路

特殊驱动机制设计是制度设计中的一种类型，它是在与传统机制设计相比较的基础上形成的一种特殊激励机制。

（一）传统机制设计的主要思路

传统机制设计的主要思路是，以管理为中心，按照管理目标要求，根据岗位职责和领导交办任务完成情况进行奖励和处罚。如图 11-1 所示。

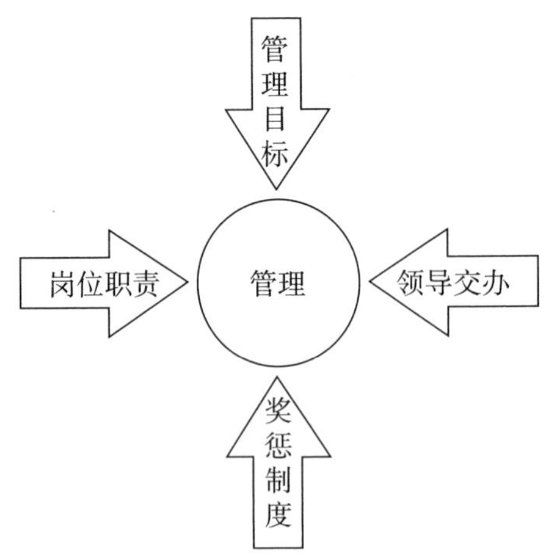

图 11-1　传统机制设计示意图

由此可见，传统机制设计是以管理控制为中心，封闭的，服从（被动）的。

（二）特殊驱动机制的设计方向

特殊驱动机制的设计方向，与传统机制设计思路形成鲜明的对照。其主要设计思路是，以激发活力为中心，开放的，能动的。

(1) 激发活力。尊重人性，尊重个性，激发个人活力，唤醒个人潜能。探索和实施“80后”“90后”员工的特殊激励方法，寻找和实践各种新颖、挑战、趣味的活动。

(2) 开放的。以个人活力为中心，从里向外辐射，挖掘自我，挑战自我，展示自我，成就自我。突破传统羁绊，体验洒脱人生。

(3) 能动的。主动、自愿地从事自己喜欢的工作，自己制定工作目标和工作内容，把工作当成娱乐，当成享受，而不是包袱和负担。

特殊驱动机制的设计方向，如图 11-2 所示。

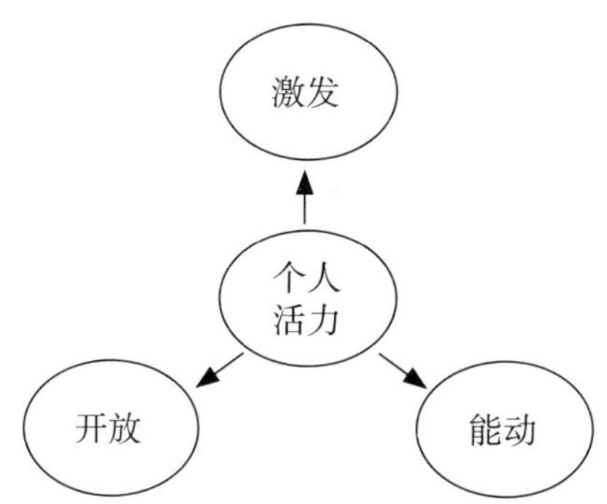

图 11-2　特殊驱动机制设计方向图

以个人活力为中心的三个设计要素 (激发、开放、能动)，为特殊驱动机制设计指明了方向，据此可以设计许多特殊驱动方式。三维驱动模型，就是特殊驱动机制中的一种方式。

第三节 三维驱动模型

三维驱动模型，是笔者研发的一种特殊驱动工具，它按照自主、乐群、激励三个维度对“80后”“90后”员工进行驱动激励。如图11-3所示。

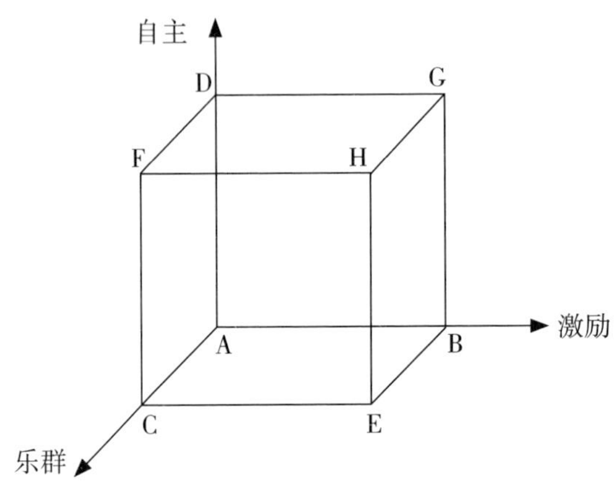

图11-3 三维驱动模型

一、三维驱动模型的点、线、面、体

在图11-3中，A点为驱动原点，即自我活力点；ABGD平面为自我激励面；ABEC平面为团队激励面；ADFC平面为群商激励面。

与自我激励面、团队激励面、群商激励面相对应的三个平面是执行层面，即自我激励执行面CEHF、团队激励执行面DGHF、群商激励执行面BGHE。

与驱动原点A点相对应的H点，是绩效终点，即个人绩效、团队绩效、企业绩效三者之合。

三维驱动模型的设计宗旨，就是从个人驱动原点A点出发，按照自主、乐群、激励三个维度方向去实践，达到个人、团队、企业绩效最大化（H点）。

这是三维驱动模型点、线、面、体的整体构思和解读。

二、三维驱动模型的三个维度

自主、乐群、激励是三维驱动模型的三个维度，也是三维驱动模型的核心骨架。

（一）三维驱动模型的第一维度——自主

自主，是指自己做主，不受别人支配。自主是三维驱动模型的第一个维度，这里从设计第一需求、自主如何操作两个方面分别进行阐述。

1. 设计第一需求

自主是特殊驱动机制设计的第一需求，主要体现在三个层面。

第一层面：渴望自由。

从人性的层面来看，每个人的内心深处都是渴望获得自由的。关于自由，不同学科领域有不同的解释。

从心理学层面来讲，自由就是按照自己的意愿做事；从社会学层面来讲，自由是在不侵害别人的前提下按照自己的意愿做事；从法律层面来讲，自由就是不违法；从政治层面来讲，自由是人们有权选择自己赞同的执政者，也有权不选择自己不赞同的执政者，要“以百姓心为心”，等等。

人在内心深处渴望自由，追求幸福，这一点是毋庸置疑的。

第二层面：自我实现。

从需求的层面来看，自我实现是人的最高层次需求。马斯洛（Abraham Harold Maslow）认为，自我实现是人的潜力和才能发挥出来的满足感。罗杰斯（Carl Ransom Rogers）认为，所谓自己就是一个人过去生命体验的总和。

笔者在企业授课和咨询服务中，与“80后”“90后”员工多次探讨一个问题：你到职场来做什么？绝大多数员工回答：实现自我价值。

这种自我价值的实现，是对自己人生需求的解读，是对自己生命体验的总结，是对自己潜能开发的自信，是对自己职业锚的定位。

第三层面：内心驱动。

从动力的层面来看，每个人心中都有驱动点。这些驱动点来自不同的方面，如近期急需、远期目标等，设计驱动机制的关键就是寻找和引爆这些内心驱动点。让员工自己做主，主动去做自己喜欢的事情，是引爆内心驱动点的最佳方式。

渴望自由，从人性层面透视了自主维度；自我实现，从需求层面剖析了自主维度；内心驱动，从动力层面解读了自主维度。“自主”是特殊驱动机制设计的第一需求。试想一下，如果一个人不情愿、被动地做一件事情，事情的结果会是怎样。

2. 自主如何操作

在实际操作中，怎样才能做到“自主”呢？建议尝试以下四项内容：自设目标、自选职位、自查自纠、自奖自罚。如图 11-4 所示。

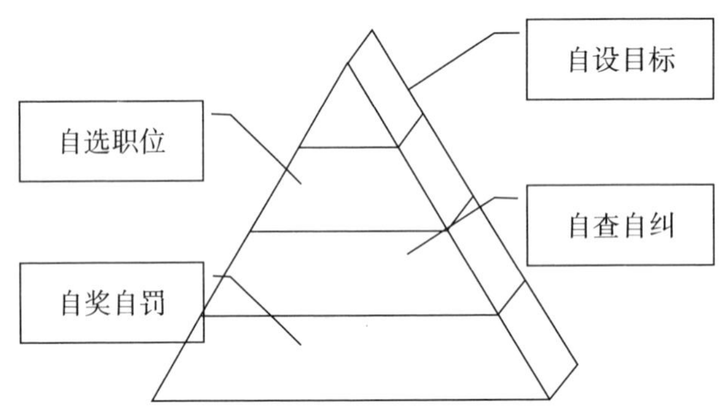

图 11-4　自主操作示意图

第一项内容：自设目标。

按照 OKR 模式要求，员工为自己设定工作目标。通过设立和完成充满挑战、有野心、有成就感的工作目标，最大限度发挥个人主观能动性。

第二项内容：自选职位。

按照宽带薪酬（本节后面介绍）要求，员工在企业中可以挑选自己喜欢、能胜任的职位，并获得相应的薪酬待遇。自选职位能充分挖掘个人潜能，释放个人最大能量。这一条与传统理念（按岗定人）有很大差别。

第三项内容：自查自纠。

按照 PDCA 要求，进行员工自我管理，养成良好的工作习惯。在工作中自订计划、自觉执行、自行检查、自我纠正。通过自查自纠，不断调整、提高，不断优化自我。

第四项内容：自奖自罚。

按照果冻激励要求，员工选择特殊、有趣、搞笑的方法进行自我奖励、自我惩罚，在团队活跃的氛围中，达到奖惩目的。

（二）三维驱动模型的第二维度——乐群

乐群，是指一个人喜欢和群体在一起，并能愉快相处。乐群，既是一种性格行为倾向，也是一种团队协作意识。对“80 后”“90 后”的许多独生子女来讲，需要在这个维度进行强化，并获得快乐和收获。这里从技能必修课、群商两个方面分别加以阐述。

1. 技能必修课

乐群，是员工生存技能、工作技能的必修课，主要体现在三个方面。

第一方面：生存技能。

人生活在这个世界上，为了生存，必须与社会上各类人群打交道。不与社会交往的人是不存在的；不愿意与社会交往的人是吃不开的；人际关系差的人会四处碰壁，甚至难于生存。因此，乐群是员工的重要生存技能。

第二方面：工作技能。

员工在工作中，需要工作沟通、工作交往、工作配合，需要团队意识、团队磨合、团队协作。没有沟通交往、团队协作的意识和技能，在职场当中如同“重度残疾”，很快会被淘汰。因此，乐群是员工的基本工作技能。

第三方面：乐群提升。

现代企业提倡团队协作精神，乐群性高的人往往受人欢迎，受到企业青睐，乐群性低的人往往使人反感并遭到排斥。提升乐群性，可以尝试三种方法。

第一，挑战自我不退缩。在人际交往面前要挑战自我、战胜自我，不要逃避和退缩。因为这不是你想不想的问题，而是必须要做的问题。如同幼儿学走路，是必须要学会的。

第二，不图完美笑呵呵。在交往中不要对自己要求太苛刻，要放弃完美主义，对别人的看法一笑而过。对于这一点，一般是说到容易做到难。“拆墙思维训练”是一种快捷有效的方法，可以有效提升乐群性。

第三，丢下包袱收获多。学会丢下包袱，轻松做人。放下才能身轻，舍得才有收获。当你在别人面前轻松自若、无欲无求并舍得奉献的时候，别人会愿意和你交往，和你一同工作，甚至以此为荣。

乐群是员工生存技能、工作技能的必修课，是员工工作和谐、职场晋升的快车道。

2. 群商

群商，从个体角度来说，是指一个人与他人相处的能力。从群体角度来说，是指一个群体所表现出来的综合能力素质。

群商以乐群为基础，也是乐群的终极成果。群商综合反映了一个企业的软实力，是企业核心竞争力的一项重要指标。

群商在企业中如何应用呢？这里从群商培养、指标设计、特别事项三个方面谈谈群商的操作问题。

(1) 群商培养。

群商培养，是指为群商创造必要的企业文化环境，可以尝试下列四项内容：

第一，树立“无完美个人，有完美团队”的理念。让员工清醒地意识到，个体离开团队将无法生存，个体劣势只有通过群体优势才能弥补，进而尊重团队、依靠团队，在团队协作中发挥个体最大优势，促成团队效能最大化。

第二，营造“为群者荣，为己者耻”的环境范围。以群体利益为重，以个体利益为轻。对于牺牲个体利益、维护群体利益的行为，要鲜明地给予鼓励；对于损害群体利益、满足自己私欲的行为，要坚决进行惩处。让私欲熏心、到处拆台、破坏群体和谐的“害群之马”无立足之地。

第三，创新游戏规则，开展趣味活动。“80后”“90后”员工酷爱创新，对新颖理念、活动、游戏嗅觉非常灵敏。企业要开展一些“千里红包走单骑”“飞镖之吻”等趣味的游戏，在活动中培养群商。

第四，鼓励张扬个性，鼓励个体差异。在维护企业大局和群体利益的前提下，鼓励员工张扬个性，施展才华。正是这种个体差异，构成了蓬勃向上、充满活力的群体氛围，为提升企业软实力真正打开了闸门。

(2)指标设计。

在群商指标的设计中，可以参考三套系列指标进行操作，分别是主要指标、驱动指标和绩效模式。如表11-1所示。

表11-1　群商指标设计参考表

群商指标			权重
主要指标	驱动指标	绩效模式	
担当意愿	责任后果	KSF、PKT（关键事件）等	30%
互补意愿	协作成果	BSC、KPI、360° 模式	50%
差异意愿	特色绩效	OKR、三维驱动模型等	20%

在上表中，主要指标为设计指标，即群商的主要关注元素；驱动指标为考核指标，可继续细分和量化；绩效模式为推荐的方法，提炼精髓部分即可；权重为参考百分比，可适当调整。

(3)特别事项。

在群商实际操作中，有四个事情要特别关注，采取相应对策。

其一，独裁型领导。这类领导大多唯我独尊，要引起重视，进行必要的警示（企业重视群商）。

其二，傲慢型员工。这类员工恃才傲物，要适当进行“敲打”。

其三，乐群低员工。这类员工不愿交往，须重点关注，进行个别沟通、必要培训、高压考核，成效不大者进行淘汰。

其四，隐私类保护。员工在沟通交往中可能会透露出一些个人隐私，或者企业掌握着一些员工的隐私信息。企业要高度重视，建立隐私保护机制，让员工安心工作，无后顾之忧。

（三）三维驱动模型的第三维度——激励

激励，是指设计适当的奖惩方式和驱动因素，激发和鼓励组织成员实现目标（组织目标和个人目标）的过程。

激励的方式有很多种，这里重点就 MOP 模式、宽带薪酬、果冻激励三种方式进行介绍。

1.MOP 模式

MOP 模式，是将专业绩效模式与自创绩效模式结合起来进行驱动和激励的一种模式。

MOP 模式，汇集了目标管理（Management by Objective）、目标关键成果（Objectives and Key Results）、岗位关键指标（Post key indicators）三种模式的部分精华，把一项工作目标层层量化成指标，目标清晰、层次分明、落地扎实。由于三种模式的第一字母分别为 M、O、P，故称作 MOP 模式。

MOP 模式操作主要分为两大步骤：

（1）设立常规指标。

按照 MBO 要求，先制定一项工作目标；再按照 OKR 要求，设立两项关键成果指标；后按照 PKI（岗位关键指标）要求，设立三项岗位关键指标。

（2）设立驱动指标。

对应常规指标，先制定一项 MBO 驱动指标，再设立一项 OKR 驱动指标，后设立两项 PKI 驱动指标。

设立常规指标和驱动指标，要定位清晰、层层分解、环环相扣。MOP 模式参考指标（以销售为例），如表 11-2 所示。

表 11-2 MOP 模式参考指标

类别	MBO	OKR	PKI
常规指标	1. 销售额	1. 销售收入 2. 销售成本	1. 资金到位 2. 销售支出 3. 销售时限 (季度、半年)
驱动指标	业绩提成 (传统驱动)	自设指标 挑战成功率 (现代驱动)	成功风险驱动：晋升加薪 失败风险驱动：解除顾虑 (双向风险应对驱动)

学习 MOP 模式，笔者有三点说明，便于读者阅读和学习参考。

说明一：MBO 之靶、OKR 之眼、PKI 之枪

这是一个射击打靶的场景模型，便于读者理解和记忆，即举起 PKI（岗位指标）的手枪，用 OKR(目标和关键成果) 眼睛进行瞄准，向着 MBO(目标管理) 的靶心射击。

说明二：注意 MBO 与 OKR 目标之重合

在设定目标中，会出现两种情况：一是 MBO 目标与 OKR 目标（目标管理之目标与关键成果之目标）没有重合，出现了两个不同的目标，要设法调整为一个统一的目标（在 MBO 中调整，还是在 OKR 中调整，视情自定），从而避免造成混乱。二是 MBO 目标与 OKR 目标重合，即有一个统一的目标，可以按照 KR(关键成果) 步骤往下进行，进入到文中规定的步骤中去。

说明三：MOP 模式适合"80 后""90 后"员工

"80 后""90 后"员工，心中有着"自我"的工作目标，这是 MBO 的靶子；有着自主的工作个性，这是 OKR 的瞄准习性；有着对岗位的特殊看法，这是选用不同的 PKI 枪支。

MOP 模式三层递进、形象直观、简明快捷，较适合于"80 后""90 后"员工的驱动和激励。

2. 宽带薪酬

宽带薪酬，是指将原来狭窄的工资级别（几十个薪酬等级）压缩成几个级别，拉大每一个薪酬级别对应的薪酬浮动范围（宽带）的一种薪酬体系。

宽带中的“带”是指工资级别，宽带是指工资浮动范围比较大。与宽带薪酬相对应的是窄带薪酬，窄带薪酬的工资级别多，浮动范围小。

宽带薪酬打破了传统的等级观念，重视个人、重视市场、重视绩效，鼓励员工挑选岗位和岗位轮换，受到创新型、技术型企业热捧。

(1) 关于岗位轮换。

宽带薪酬鼓励岗位轮换，换言之，一个普通岗位的员工可以轮换为公司高级管理人员。

在实行宽带薪酬的一些企业中，前台成为市场部总监、普通司机成为公司副总裁等岗位轮换的实例非常多。这种岗位轮换结果，除了员工本身的素质和能力依托之外，宽带薪酬体系起到了非常关键的作用。

宽带薪酬为特殊人才、优秀人才脱颖而出创造了珍贵的平台。一些“80后”“90后”员工在实行宽带薪酬的企业中，海阔凭鱼跃、天高任鸟飞，即使不成功，也要潇洒走一回。

(2) 宽带薪酬计算。

在宽带薪酬体系中，有几个数值的计算备受学员和服务企业的垂青。

带宽、等级差、重叠度，是宽带薪酬的三个重要数值，三个数值各有不同的计算方法。某企业的宽带薪酬表，如表 11–3 所示。

三个重要数值的计算公式分别为：

①带宽 =（上限值 – 下限值）÷ 下限值，或上限值 ÷ 下限值 –1

例如，在表 11–3 中，项目总监档次的带宽为（42000–14000）÷ 14000=200%，其他档次的带宽依此计算。

传统薪酬（窄带薪酬）带宽通常在 100% 以内，宽带薪酬带宽通常在 100% 以上。

②等级差 = 上等数值 ÷ 下等数值 –1

例如，在表 11–3 中，高级设计师（中等）与中级设计师（中等）的等级差为 14300 ÷ 9000–1=0.6，其他上下等级差依此计算。

等级差越大，激励性越强；等级差越小，激励性越弱。

③重叠度 =（下等上限值 – 上等下限值）÷（下等上限值 – 下等下限值）

例如，在表 11–3 中，部门员工与部门主管的重叠度为（5400–3500）÷（5400–1800）=0.5，其他上下等级重叠度依此计算。

等级重叠度体现不同的激励程度，重叠度越大，激励作用越大。

笔者提供一份宽带薪酬参考表（表 11–3），表中各个岗位的薪酬数字仅供参考，主要是想让读者了解宽带薪酬（三个重要数值）的计算方法。

表 11–3　某企业宽带薪酬表

序列和等级		岗位名称	最低	中等	最高	带宽	等级差	重叠度
管理序列	四等	总经理	14400	28800	43200	200%	1	–
	三等	部门经理	7200	14400	21600	200%	1	0.5
	二等	部门主管	3500	7200	10800	200%	1	0.5
	一等	部门员工	1800	3600	5400	200%	–	0.5
设计序列	四等	资深设计师	11500	22900	33400	200%	0.6	–
	三等	高级设计师	7200	14300	21500	200%	0.6	0.7
	二等	中级设计师	4500	9000	13400	200%	0.6	0.7
	一等	初级设计师	2800	5600	8400	200%	–	0.7
项目序列	四等	项目总监	14000	28000	42000	200%	0.8	–
	三等	项目经理	7800	15600	23300	200%	0.8	0.6
	二等	项目主管	4300	8600	13000	200%	0.8	0.6
	一等	项目员工	2400	4800	7200	200%	–	0.6
说明	1. 此表中部分数值为四舍五入后的取整数值。 2. 可以先确定带宽、等级差、重叠度的数值，然后再填写、计算表中各类数值。							

(3) 注意事项提示。

在宽带薪酬的识别、设计、操作中，有以下几个注意事项：

第一，警惕“挂羊头买狗肉”。部分薪酬设计人员，打着宽带薪酬设计的幌子（或者不会进行薪酬设计），实际设计的是一些普通的窄带薪酬。要学会识别它们。识别的方式可参照“宽带薪酬计算”内容。

第二，体现“市场竞争性，内部公平性”。设计宽带薪酬数值不能低于市场平均薪酬水平，否则便没有竞争性、激励性。同时，在内部体现公平，避免造成各岗位之间、各人之间的心理失衡，影响积极性。要关注市场薪酬变动信息，要建立科学的“岗位任职资格”体系，要让宽带数量少而合理，主要数值驱动充满活力。

第三，避免“单纯逐利，归属感下降”。宽带薪酬容易造成一些人以薪酬为中心，过分看重自己，忽视团队协作，团队归属感下降。要在设计宽带薪酬时，将其他指标（群商等）一并考虑，提升个人绩效，提升组织绩效，实现团队绩效最大化。

3. 果冻激励

果冻激励，是针对组织（或非组织）成员进行非正式的“果冻式”奖励和惩罚的方法，达到促进工作和团队和谐的效果。我们将这种激励方法称作“果冻激励”。果冻激励主要包括五项内容：

(1) 激励对象是组织成员或非组织成员。

组织成员，即企业内部、部门内部有清晰行政（或业务）组织的成员。非组织成员，即以感情、喜好等情绪为基础的、松散的、没有正式规定的群体成员。

(2) 非正式的奖惩办法。

正式的奖励和惩罚办法，如加薪降薪、晋职降职等，而且在正式场合（开会、文件等）进行；果冻激励采取非正式的“果冻式”奖惩方式，在许多非正式场合（聚会、游览等）随机运用。

(3) 果冻式奖惩方式。

某部门年轻男性员工（30 岁以下）较多，部门经理赵某是一位气质优雅、不苟言笑的端庄女性，是部门男员工心目中的“冰美人”。在每周五下午，赵某为业绩前两名的男员工扔去果冻（一种小食品）。获得果冻的男员工可以获得当众亲吻赵某额头的殊荣和一元钱的红包奖励。于是，部门男员工渴望获得赵某的果冻，并把获得赵某的果冻当作一种荣誉。

这是果冻激励方式的最早由来。

后来，一些企业把激励的方式进行了拓展，同时将惩戒内容植入进去，形成了各种有趣和富于特色的果冻式奖惩方式。

例如，一些优秀员工可以获得免费吃饭、称呼升级、隐私必答等方式的奖励；一些犯错员工可以受到平板支撑、吃辣椒、吃臭豆腐等方式的惩罚。

有两点需要注意：一是果冻激励的奖惩方式一定要新颖别致，吊起众人胃口；二是掌握好操作尺度，避免尴尬，下不来台，以及适得其反的情况发生。

(4) 目标是两个“促进”。

果冻激励的目标有两个：一是促进工作的开展，通过特别有趣的环境影响和自我醒悟，更好地完成工作目标；二是促进团队和谐，在众人一片加油和欢呼声中，展现团队的欢乐、和谐氛围，增强团队凝聚力。

(5) 操作的三个主体。

果冻激励有三个操作主体，操作中可任选其中一种。一是自己操作，自奖自罚；二是领导操作，下属参与；三是群体操作，自动自发，愿者参与。

果冻激励具有磁性驱动、快捷简单、众人喝彩（甚至友好起哄）的特征，许多企业在实战中运用并取得满意效果，深受“80后”“90后”员工的喜爱。

MOP 模式、宽带薪酬、果冻激励是三维驱动模型中的三种激励方法。这三种方法可以单独使用，也可以组合应用，可以迭代出更多、更好的特殊驱动机制。

三维驱动模型拨动了“80后”“90后”员工的三根心弦（自主、乐群、激励），弹奏了一曲突破自我、悦情工作、创造一流绩效力的美妙旋律。

篇后语

沿着领导力（第一篇）的方向航标，载着执行力（第二篇）的执着辛劳，驶入绩效力（第三篇）的目标轨道。

在本篇中，依次按照“你认识我吗”“我有哪些绝活”“特殊情况如何处理”三个思维驻点进行了阅览和学习。

绩效力认知，解答了“你认识我吗”；绩效模式，解答了“我有哪些绝活”；特殊驱动机制，解答了“特殊情况如何处理”。

本篇工具纷呈：EVA领衔专业模式，PKT洞穿绩效关联，三维模型引领绩效新潮流，果冻激励颠覆传统价值观……

衷心期盼各位读者，瞄准绩效之门，驱动自主之魂，手握两种绩效工具（绩效模式），设计实用而神奇的绩效机制，创造一生引以为豪的绩效奇迹。

领执绩
导行效
力力力

第四篇

结合篇

本篇摘要

领导力、执行力、绩效力三者各自独立，又紧密相连。

三力图像，把领导力、执行力、绩效力三者的关系勾画得简明直观、栩栩如生。三个圆形、六条线段，绘出了领导执行力、执行领导力、执行绩效力、绩效执行力、领导绩效力、绩效领导力六个新理念，为解答管理实战疑难问题，丰富领导力、执行力、绩效力的理论体系，提供了思维导图工具。

三力结合，六面开花，环环相连，闭环落地。给人更多的想象，给人更多的期许。

领导力

执行力

绩效力

LINGDAOLI
ZHIXINGLI
JIXIAOLI

案例导入九

考勤风波

H公司是一家民营企业，总裁A是副总裁B（主管人力资源）的大舅哥。一天，总裁A把HRD（人力资源总监）叫到办公室说：“从今天开始，对B进行考勤，迟到、早退、旷工都要记录，如果发现有违反考勤制度行为，直接开除，不用请示。”

一周之后，HRD整理B的考勤记录（二次迟到、一次早退），然后找到B宣布：“根据总裁意见，你违反公司考勤制度，进行开除处理。”

听到HRD宣布后，B非常生气地对HRD说：“你身为HRD，怎么能这样处理问题呢？”HRD说：“我在执行总裁的命令。”B说：“你是在执行总裁的命令，但能这样执行吗？”于是，两人争论起来。

思考一：你认为HRD的做法对吗？

思考二：如果你是HRD，你会怎么做？

案例导入十

提拔谁

在Z公司总经理办公会上，准备提拔一位主管销售的副总经理，最后集中到两个候选人身上。A部门经理全年销售业绩（部门业绩）突出，在集团排名第一，工作敢打敢拼、魄力十足，但工作计划性与均衡性、基础管理工作差一些；B部门经理全年销售业绩（部门业绩）尚可，在集团排名第三，工作注重均衡发展，注重战略和基础工作（除销售外，还做了今后三年的销售模式设计、市场调研、客户数据分析和档案库等工作），但有些传统思维，魄力不足。于是大家热议，意见不一，总经理也开始犹豫。

思考一：你认为在他们两个人当中，提拔谁更合适？

思考二：如果你是总经理，会怎样处理这件事情？

第十二章

三力关联图像

CHAPTER12

在阅读了领导力、执行力、绩效力各自篇章后，我们对于三者各自的定义、内容、功能等方面有了系统的了解。在此基础上，我们还需要对三者的结合内容以及内在规律有所掌握，这样才能完整、深刻地领悟到领导力、执行力、绩效力的真谛。

三力关联图像，揭示了领导力、执行力、绩效力三者的关联内容和内在规律性。本章从三力关联图像的内容以及功能分别进行阐述。

第一节 三力关联图像的内容

领导力、执行力、绩效力是整体关联的，本节以图像的形式呈现领导力、执行力、绩效力三者的内在关联，以及由此而产生的六个新概念、新理念。

一、领导力、执行力、绩效力三者关联图像

在开篇当中，提供了“三力模型图”，旨在体现领导力、执行力、绩效力三者关系的密切程度，突出“不可分割”的理念。

在本篇当中，提供“三力关联图像”，从领导力、执行力、绩效力三者的操作方向上突出“方向性规律”主旨。

三力关联图像，是笔者在三力模型图基础上，通过实战研究编写的另一个三力关系图，提出了六个新概念。三力关联图像，如图 12–1 所示。

二、六个新概念

在图 12–1 中，领导力、执行力、绩效力三个圆圈既各成一体，又相互关联。下面按照箭头方向线段，依次进行分析。

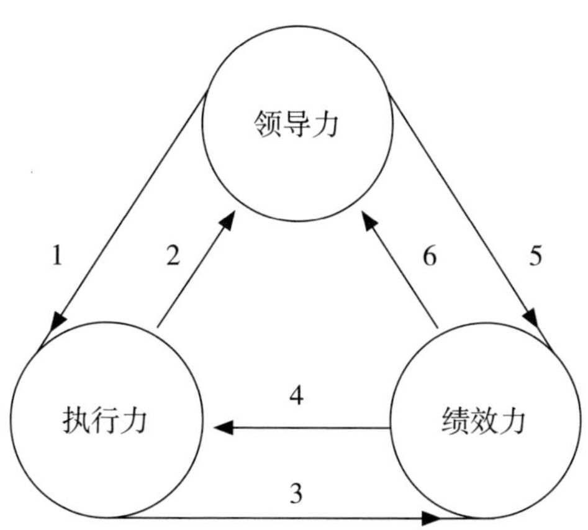

图 12-1 三力关联图像

先看每个要素（领导力、执行力、绩效力）外部箭头所指内容，再看内部箭头所指内容，产生6个不同的方向线段（从序号1到序号6）。

1. 领导力到执行力——领导执行力

笔者将领导力到执行力的方向线段命名为“领导执行力”。

领导执行力，可以理解为“执行力”，即按照领导命令办事的能力（执行力定义：奉命办事能力）。

2. 执行力到领导力——执行领导力

笔者将执行力到领导力的方向线段命名为“执行领导力”。

执行领导力，是指在执行过程中，保证执行方向和执行策略正确的能力。执行领导力是执行力的有力补充。

3. 执行力到绩效力——执行绩效力

笔者将执行力到绩效力的方向线段命名为“执行绩效力”。

执行绩效力可以理解为“绩效力”，即执行产生（创造）绩效的能力（绩效力定义：创造业绩 / 绩效能力）。

4. 绩效力到执行力——绩效执行力

笔者将绩效力到执行力的方向线段命名为“绩效执行力”。

绩效执行力，是指通过绩效驱动（或激励）方法推动执行力的能力。绩效执行力是绩效力的反刍。

5. 领导力到绩效力——领导绩效力

笔者将领导力到绩效力的方向线段命名为“领导绩效力”。

领导绩效力可以理解为“领导力”，即领导者率领团队达到绩效标准的能力（领导力定义：率队达标能力）。

6. 绩效力到领导力——绩效领导力

笔者将绩效力到领导力的方向线段命名为“绩效领导力”。

绩效领导力，是指采用正确绩效标准评价领导者业绩和作为的一种能力。绩效领导力是领导力的圭臬。

第二节 三力关联图像的功能

三力关联图像带给我们更加严谨、深入的思考，具有下列功能，发挥着不可替代的作用。

一、三力图像，逻辑清晰

三力图像将领导力、执行力、绩效力画在一张图上，清晰勾画了三者相互独立和相互关联（特别是六个新的概念）的逻辑关系。在以往的研究中，很少有人研究三者之间的关系，更少有人研究六者之间的关系。这样的图像，便于读者寻找各自的逻辑关系，看到三者的有机关联。

二、六个概念，重新思考

三力关联图像的方向线段，勾画了领导执行力、执行领导力、执行绩效力、绩效执行力、领导绩效力、绩效领导力六个新概念，会引发人们对领导力、执行力、绩效力定义和内容的重新思考。其中，执行领导力、绩效执行力、绩效领导力三个新概念，包含新的理念、新的内容，具有创新功能。

三、现实解惑，找到依据

三力关联图像系统划分了六个新概念，为解除人们在思维中、实战中的一些困惑问题提供很大帮助，找到了理论依据。

例如，执行领导力解除了人们“不同领导发话，不知道听谁的”等方面的困惑，绩效执行力解除了“员工执行力动力不足”等方面的困惑，绩效领导力解除了“好领导、坏领导评判标准”方面的困惑，等等。

四、阅读框架，整体体系

三力关联图像，是本书的重要骨架和阅读本书的思维导图。本书五篇（含开篇）的全部内容均围绕此图进行。读者可从整体上把握三者关系图，突出重点，强化逻辑，加深记忆。

三力关联图像内容清晰，整体突出，具有直观的阅读指导功能。

围绕三力关联图像，笔者采用下列书写顺序，请读者阅读时留意。

1. 独立内容，重点书写

对于领导力、执行力、绩效力三个模块内容，在第一篇、第二篇、第三篇中独立书写，突出内容的重点。读者可以分篇阅读，抓住不同重点，一目了然。

2. 关联内容，本篇书写

本节六项关联内容，其中领导绩效力（领导力）、领导执行力（执行力）、执行绩效力（绩效力）已经在第一篇、第二篇、第三篇中书写。执行领导力、绩效执行力、绩效领导力三项新内容，在本篇书写。这也是本篇的三项重点内容。

3. 独立关联，关联独立

在领导力（第一篇）、执行力（第二篇）、绩效力（第三篇）各自独立的模块中，体现着与其他模块的关联（如领导力模块中体现与执行力、绩效力的内容关联等）。另一方面，在关联当中又体现着独立（如在执行领导力当中，体现着执行方向和策略的完整独立性）。

独立中有关联，关联中有独立，符合辩证法原理，也是三力关联图像的魅力体现。

第十三章

关注三个新概念

CHAPTER13

根据三力关联图像的内容，产生了领导执行力、执行领导力、执行绩效力、绩效执行力、领导绩效力、绩效领导力六个新概念，本篇重点对其中的执行领导力、绩效执行力和绩效领导力三个新概念进行介绍。

第一节　执行领导力

执行领导力，是指在执行过程中，保证执行方向和执行策略正确的能力。执行领导力是执行力的有力补充。

下面分别从执行领导力的产生背景、致命缺陷、操作要点三个方面进行分析。

一、产生背景

执行领导力的产生背景，是笔者观察和思考下列一些现象和问题后，萌生的新概念和系列想法。

(1) 员工面临多头领导，但领导们意见不一致的时候，不知道听谁的好。

(2) 面临关键性、重大问题处理的时候，单纯考虑执行而造成严重后果。

(3) 面临一些模糊、混沌性问题，不知道如何去做。

(4) 刚要做一件重要事情，却被其他一些琐事干扰，而后忘记自己当初该做什么。

(5) 在执行中，方向和策略出现错误的其他一些问题。

二、致命缺陷

执行领导力，要解决的核心问题是执行力的方向和策略（即该不该执行，如何去执行）。如果这个问题解决不好，就会造成执行力致命的缺陷，甚至不可弥补的损失。

1992年2月，柏林墙倒塌两年后，守墙卫兵亨里奇受到了审判。在柏林墙倒塌前，他射杀了一位企图翻墙而过的青年格夫洛伊。亨里奇的律师辩称亨里奇仅仅是为执行命令，别无选择，罪不在己。

然而法官却认为，作为警察，不执行上级命令是有罪的，但打不准是无罪的。作为一个心智健全的人，此时此刻，你有把枪口抬高一厘米的权利，这是你应主动承担的良心义务。最终，卫兵亨里奇因蓄意射杀格夫洛伊被判处三年半徒刑。

以上看出，亨里奇单纯、机械地执行上级命令，造成了无法挽回的后果。

再如，本篇案例九当中的HRD也是类似情况。他根据总裁命令去教条地执行考勤制度，宣布开除主管自己的副总裁B，造成B的强烈不满和对他能力的严重质疑。

又如，员工在多头领导情形下，不去执行领导工作，或者选择执行了其中一位领导的命令后，可能会造成“站错队”的“立场问题”后果。

综上所述，执行领导力差，会造成致命缺陷；执行领导力强，会在执行当中的关键问题处理上掌舵方向，到达理想彼岸。因此，执行领导力是执行力的有力补充。

三、操作要点

从以上事例可以看出，执行领导力对执行者完成任务十分重要。同时，对执行者要求很高。在实际操作中，应该怎样做好这一点呢？注意下列几个问题。

1. 普通执行力是“上司领导自己”，执行领导力是“自己领导自己”

在普通的执行力中，执行者按照上司的“旨意”去完成工作，不用考虑上司“旨意”的正确性、多头性、复杂性。一句话，上司怎么说，我就怎么做，是“上司领导自己”。

在执行领导力中，执行者既要考虑上司“旨意”的正确性、复杂性，又要考虑面临对象的重要性、特殊性，自己揣摩和把握做事的方向和策略，是

"自己领导自己"。

2. 普通执行力是"命令式执行"，执行领导力是"发挥式执行"

普通执行力是奉命办事的能力，强调严格按照命令去实现工作目标，它是一种机械式、命令式的执行；执行领导力是保证执行方向和执行策略正确的一种执行能力，它可以自主定位、自主选择空间（可以改变执行方向和执行策略），是一种自主性强、弹性大、发挥式的执行。

3. 执行领导力既要求执行力技能，又要求领导力技能

执行领导力对执行者要求很高，既要有执行力的各种素养、心态、技能，坚定地完成执行任务；又要有领导者品质、领导力技能，识别和掌控方向，采取变革策略，慎重而巧妙地达到执行的战略目标。

4. 三种应对策略

达到执行领导力的要求，保证执行方向和执行策略的正确性，有很多种策略和方法。这里列举其中三种应对策略。

（1）复命策略。

当面临一些模糊、混沌性问题，不知道如何去做的时候（即产生背景第三种情况），可以采用复命策略。

复命策略，主要是通过复命的方法来澄清、核实一些模糊性问题，找准执行的方向。得到领导确认后，员工去执行办理，不出现方向性偏差。

另外，复命策略也可以监督执行过程。当刚要做一件重要事情，却被其他一些琐事干扰，而后忘记自己当初该做什么的时候（即产生背景第四种情况），通过复命的习惯，提醒自己不能随波逐流，不能忘记主次，不能遗忘重要事情。

（2）"让子弹先飞一会儿"策略

当面临多头领导（即产生背景第一种情况）、关键性重大问题（即产生背景第二种情况）的时候，可以采取"让子弹先飞一会儿"策略。

"让子弹先飞一会儿"策略，是指面临重大问题时，不着急表态，不着急行动，在时间流逝和动态执行中，等待和寻找最佳战机。

要做到这一点，既要有“任凭风浪起，稳坐钓鱼船”的气质胆识，又要有“眼观六路、耳听八方”的敏捷应变。

顺便说明一点，“让子弹先飞一会儿”策略不局限于执行领导力，在企业实战中面临一些重大问题和重要选择时，也可以采用这种策略。

（3）C 口策略。

当面临关键性、重大问题处理（即产生背景第二种情况）的时候，可以采用 C 口策略。

C 口策略与 O 策略相对。字母 O 是个闭环圆圈，表示严格按照执行方向和执行策略要求去执行任务，不留任何缺口。字母 C 在字母 O 上挖开一个缺口，表示在保证执行方向的前提下，可以改变执行的策略。卫兵亨里奇如果“把枪口抬高一厘米”进行射击，就是 C 口策略的完美体现。

C 口策略讲求办事留有余地，值得深入思考和借鉴，应用到企业实战中，处理一些棘手、复杂的重要问题。

第二节　绩效执行力

绩效执行力，是指通过绩效驱动（或激励）方法推动执行力的能力。绩效执行力是绩效力的反刍。

绩效执行力，主要是针对员工执行力动力不足的现象而采用必要的驱动方法。下面分别从驱动方法、反刍效应两个方面进行分析。

一、驱动方法

绩效执行力的驱动方法，按照时间前后顺序，分为结果即时驱动（简称果动）、现在表现驱动（简称现动）、未来实现驱动（简称来动）三种类型。

（一）果动

果动，即结果即时驱动，是指对已经完成（或结束）的业绩结果即时进行兑现的一种驱动方式。

果动在企业实战中主要有两种操作方式：

1. 业绩兑现

对已经完成的工作业绩成果（如本月销售提成等）进行即时兑现。

2. 承诺兑现

对已经承诺的完成业绩成果（如口头承诺的研发进度成果奖励等）进行即时兑现。

需要注意的是，对“即时”的理解和期限问题。这里所言“即时”是指一周时间（五个工作日）之内，其中1天为上，3天为中，5天为下。超过5天不能称为“即时”。

果动具有快捷（迅速见到成效）、及时（时间限制最短）、信任（利益交付对方）的特征，对于执行者具有最现实的驱动作用。同时，果动与其他驱动方式相比，具有更现实的吸引力。

笔者在“股权激励”授课中，做过这样的课堂测验。测验题目是：假设企业现在给你100万元现金，或者一年以后给你200万元现金，你选择哪一个企业？

最后，70%的学员选择第一种，30%的学员选择第二种。选择第一种的学员，主要考虑未确定性和风险问题，先“落袋为安”。选择第二种的同学对企业、对自己充满信心，也是非常难得、值得肯定的。

从客观的角度看，果动方式更受欢迎、备受青睐。它不仅是经济利益上的兑现，更是一种对员工的“信任状”。这一切，员工早已心知肚明。有了这张“信任状”，员工在工作执行中的表现怎样，答案不难想象。

（二）现动

现动，即现在表现驱动，是指对员工现在的工作态度、工作行为、工作过程进行肯定、鼓励、驱动。

严格来讲，现动不属于绩效类驱动，但为什么还要在这里提出呢，有三个方面的考虑：

1. 工作性质的考虑

在企业中，有些工作时间周期长，有些工作不易量化，有些工作绩效统计需要较长时间，有些工作性质相对复杂。

在这样一些情形和环境中，员工的工作行为要及时进行肯定、鼓励和驱动，避免时间失效，错过最佳驱动时机。

2. 方向认可的考虑

在一些周期较长的工作中，工作方向（是否出现偏差等）和工作过程（方法是否合理等）非常重要。比如，某产品软件研发需要6个月的时间完成结点目标，某市场调研需要3个月的时间提交调研报告，等等。公司相关领导（CTO、CMO等）要及时肯定或校正现在的工作方向（通往目标的途径），要及时对工作过程进行监督和驱动（表扬、鼓励等）。反之，对此放任，不管不顾，会造成工作方向偏差、被动，带来许多严重的后果。

3. 人性激励的考虑

人们的情绪状态、工作态度，直接反映到工作行为和工作过程中来。及时给予肯定、表扬、奖励、亲情谈话等，通过这些“现动”方式，能唤起人性、激发潜能，保持现有良好的工作状态，完成一个又一个艰巨的任务。

在企业实战中，千万不可“只顾业绩成果，不管现在行为”，这样就把员工逼上了独木桥，造成很多隐患和顽疾。要用“现动”的意识和工具，弥补工作性质的差异，校正工作的目标方向，激发员工的主观能动性，驱动实现执行力目标。

（三）来动

来动，即未来实现驱动，是指对员工未来实现的事项进行驱动兑现的一种方法。换言之，来动就是“你如果做了，将来会得到什么”。

我们先来看一个幽默段子：

妻子想改掉丈夫晚回家的习惯，给丈夫规定：如果晚上11点后回家，就锁门。

第一周很奏效，第二周丈夫毛病又犯了，妻子按照规定把门锁了。结果丈夫干脆就不回家了。

妻子想来想去，然后跟丈夫说："你以后如果晚上 11 点前不回家，我就开着门睡觉！"丈夫大惊，从此 11 点之前准时回家。

这虽然是个笑话，但能看出一条清晰的逻辑："你如果做了，将来会得到什么"。这条逻辑在生活中如此，在企业实战中也是如此。

下面列举一些激励驱动（惩罚类方法暂不列入）的操作方式，进一步体会"你如果做了，将来会得到什么"的来动初衷。来动在企业实战中，主要有三种操作方式：

1. 愿景来动

实现企业长远的愿景目标，员工会拥有什么、得到什么。如豪宅、名车、N 位数资产数额等。

2. 目标来动

实现一定期限（年、半年等）的工作目标，员工会得到什么。如股权、晋升、分红等。

3. 指标来动

完成某项指标（或任务），员工会得到什么。如工资全额发放、业绩提成、薪酬翻倍等。

来动，具有长远性（期限较长）、目标性（要干什么、能得到什么）、诱惑性（利益诱人），是对未来（将来）的一种磁性驱动方法。

果动、现动、来动三者对应内容，如表 13-1 所示。

需要强调的是，绩效执行力有很多驱动思路和方法，除果动、现动、来动三种思路方法之外，前面各篇所述各种激励方法（绩效模式、特殊驱动机制等）均可采用，用最适合的绩效驱动方法，促成强大的能动执行力。

表 13-1　三种驱动方法对应表

简称	全称	时态	聚焦	驱动要素	备注
果动	结果即时驱动	过去时	业绩结果	业绩兑现、承诺兑现	即时兑现
现动	现在表现驱动	现在时	行为表现	肯定、表扬、鼓励	不可轻视
来动	未来实现驱动	将来时	付出与得到	愿景、目标、指标	看得见、摸得着

二、反刍效应

反刍，俗称倒嚼，是指某些动物（例如牛羊）进食经过一段时间后，将半消化的食物从胃里返回嘴里再次咀嚼。这种现象称为反刍现象，由此而产生的系列变化称为反刍效应。

笔者以为，绩效执行力就是一种反刍效应，即绩效执行力是绩效力的反刍。

下面分别从进食程序、功能效应两个方面进行介绍和分析。

（一）进食程序

为便于理解，这里将执行力比作动物口腔器官，将绩效力比作动物胃器官。

按照一般动物的进食程序，食物进食口腔（执行力）后，输送在胃里（绩效力），然后经消化器官吸收养分，废物排出体外。也就是执行力到绩效力的程序是单向的，不可逆转的，这是传统的执行力程序和理念。

按照反刍动物的进食程序，食物进食口腔（执行力）后，输送在胃里（绩效力），然后部分食物又反刍到口腔里（执行力），再输送到胃里（绩效力），如此反复。也就是执行力到绩效力的程序是双向的，可以互相转化的，这是现代的执行力程序和理念，也是绩效执行力的精髓所在。

绩效执行力，就是在完成执行力到绩效力的方向之后，运用驱动方法“反刍”到执行力口腔中，经过细细咀嚼（挖潜和激发），再回到绩效力的胃里，产生更强大、更优质的绩效力。

（二）功能效应

发现了绩效执行力的反刍效应之后，对企业实战有哪些启发和帮助呢？

绩效执行力的反刍效应，对于完善执行力、绩效力的理论体系有很大价值，同时对于企业实战有下列指导作用：

(1) 当初的绩效不是终点，激发后的绩效才是目的。

从执行力到绩效力（即执行绩效力）不是执行力的终点，而经过绩效驱动反刍重新回到执行力中，产生更主动的执行、更优质的绩效，这才是绩效的终点和目的。

因此，企业各级领导，尤其是高层领导，要从战略高度认识到绩效执行力的定位和功能，创造和利用各种驱动方法，唤起团队执行力的最大激情，挖掘和催生出最优质的绩效成果。

(2) 执行不怕失败，拥有反刍兜底。

这是一种客观、强烈、大胆的心理暗示。

执行力不是一去不复返，不能考虑太多的复杂因素而束缚手脚。要大胆执行、大胆实践，不怕出错。这不是“知错就改”的问题，而是因为有一个程序（反刍）专门负责兜底，让执行者无后顾之忧。

(3) 更加聚焦重视，绩效驱动模式。

绩效执行力反刍效应，对绩效驱动模式提出了更高的要求，如何找到最适合驱动执行力的有效方法，是企业管理者的思维焦点。可以聚焦一些绩效驱动模式，用科学、专业的绩效模式，实现绩效执行力的最大功效。

(4) 反刍轮回，精益求精。

反刍效应具有轮回的功能，从绩效力到执行力以及企业各项工作中，吸收借鉴这个理念，大胆否定，大胆创新，严格要求，精益求精，把企业管理提升到一个新的水平。

第三节　绩效领导力

绩效领导力，是指采用正确的绩效标准评价领导者业绩和作为的一种能力。绩效领导力是领导力的圭臬。

关于绩效领导力的定义，笔者曾经在两个维度上进行过探索：一是评价标准维度，即绩效领导力是采用正确绩效标准评价领导者业绩和作为的一种能力；二是绩效驱动维度，即绩效领导力是通过绩效驱动（或激励）调动和发挥领导者才能的一种能力。

以上两个维度都很重要，也很现实。笔者按照第一个维度解析绩效领导力，有三个方面的原因：第一，突出定义的集中性，避免出现两个方面理解的分散；第二，绩效驱动的一部分内容与绩效执行力重复，无须赘述；第三，随着第二维度内容的深刻剖析，涉及一些深层次社会敏感问题，故而将第二维度放弃。

按照“评价标准维度”的思路，这里分别从三类绩效领导者、领导力的圭臬两个方面阐述绩效领导力。

一、三类绩效领导者

针对企业实战中的一些棘手问题，笔者挑选了三类不同绩效类别的领导者，以此分析绩效领导力存在的必要性和相应的评价标准。

1. 现实绩效与长远绩效

现实绩效，是指为企业和员工带来短期、现实的利益；长远绩效，是指为企业和员工带来将来、长远的利益。在二者发生矛盾时，如何评价领导者的业绩和作为，是绩效领导力要解决的问题。

例如，A 领导破坏了生态平衡环境（净水污染），自主开发了水上娱乐项目，在一年之内为企业和员工带来了可观的收益和福利；B 领导保护水资源（为企业未来资源优势着想），按照现有娱乐项目进行经营，给企业和员工带来一般性的收益和福利。

A 领导牺牲长远绩效，取得现实绩效；B 领导牺牲现实绩效，取得长远绩效。如果让你选择，你会赞成哪个领导者呢？

也许有人会说，站在不同角度，答案完全不同：站在政府角度，A 领导的做法是绝对不允许的；站在企业员工的角度，估计多数员工是赞成 A 领导做法的；站在旁观者的角度，爱怎样怎样，与我无关；站在完美者角度，最好二者兼顾。

我们将这个问题设定假设，假设是站在该企业利益的角度，会赞成哪个领导者呢？换句话说，面临 A、B 两位领导的不同提案，你作为企业领导应该怎样处理？这是绩效领导力要给出的答案，即正确合适的评判标准。

每个企业都有自己的实际情况，可以采取多种方式进行处理（给出评判标准）。可能有人会问：你的方法是什么呢？

在这里，笔者回答两句话：第一句，确实要根据企业实情来处理；第二句，可以尝试企业全员投票方式（股东会、董事会除外）。

现实绩效与长远绩效，是正确评价领导者业绩和作为的第一类标准。

2. 利润型与均衡型绩效

利润型绩效，是带来利润指标（销售盈利指标等）突破的业绩成果；均衡型绩效，是在盈利、业务、管理、基础工作等方面均衡发展的业绩成果。

一般来讲，利润型绩效的领导者，注重现实，敢想敢干，工作魄力十足；均衡型绩效的领导者，注重长远，考虑全面，工作循序渐进。

在本篇案例十中，A 部门经理是利润型绩效的一个代表，B 部门经理是均衡型绩效的一个代表。当需要从二者当中提拔一人的时候，这是绩效领导力要解决的问题。

不谈理论，不说套话，二者选一。笔者给出的建议是：如果企业是在初创期和快速成长期，提拔 A 部门经理。

利润型绩效与均衡型绩效，是正确评价领导者业绩和作为的第二类标准。

3. 无己型与共己型绩效

无己型绩效，是指没有给企业带来绩效，没有给自己带来绩效，也没有给员工带来绩效。无己型绩效的领导者一般是两袖清风、传统正宗，市场观念意识和领导技能欠缺。

共己型绩效，是指给企业带来可观绩效，自己私下捞足好处(有的甚至触犯法律)，给员工也带来可观绩效。共己型绩效的领导者一般很有经济头脑，敢作敢为，但领导者品质出现一些问题。

在企业转型过程中，无己型领导逐渐减少，共己型领导相对增多。趋势的变化，给绩效领导力带来新的课题。

无己型绩效与共己型绩效，是正确评价领导者业绩和作为的第三类标准。

需要强调的是，上述三类标准要同评价领导者业绩和作为的基础标准(给企业、员工带来最大利益)、通用标准(领导品质、领导技能、职业素养等)结合起来，才能更加完整，才更有说服力。

二、领导力的圭臬

圭臬，即土圭和水臬(古代测量时间和土地的仪器)。这里引申为某种事物的标尺、准则、法度，可以据此做出决定或判断的根据。

绩效领导力是领导力的圭臬，可以从以下四个方面来理解：

1. 从三力关系来理解

领导力、执行力、绩效力，均以绩效为核心展开。绩效领导力是从绩效角度对领导力的一种评价，因此它是一把标尺、一个核心的判断依据，是领导力的圭臬。

2. 从企业中心来理解

企业以利润为中心，有绩效才会有利润。绩效领导力用企业中心点来衡量和评价领导力，是一个中心法度和判断依据，是领导力的圭臬。

3. 从业绩作为来理解

每个领导者都有自己的作为，每个领导者会有不同的业绩。怎样衡量和评价各位领导者的业绩高低和作为呢，只有绩效领导力能堪当此任。因为，绩效领导力不仅衡量业绩（对企业做出的贡献度），也衡量作为（包括良性作为和不良作为）。业绩和作为是领导力的关键内容和目标，绩效领导力恰恰点中这个穴位，因此它是领导力的圭臬。

4. 从关键作用来理解

绩效领导力的关键作用，就是通过正确的绩效标准为领导者定性、定量。一个优秀的领导者，可能通过不正确的绩效标准定性为“普通领导者”，甚至“劣质领导者”，严重挫伤领导者的积极性；一个普通（或不合格）领导者，可能通过不合理的绩效标准，错误定量为超过本级别的奖励标准，获得不应有的报酬（或晋升），会严重影响他身边实干者的工作热情。

绩效领导力提倡用正确的绩效标准为领导者定性定量，避免尺度不一、标准混乱、标准不合理等问题带来的种种“错判”“漏判”。它是一把标尺、一个法度，是领导力的圭臬。

理解了绩效领导力是领导力的圭臬，可以掌控领导力的终端，可以左右一个领导者的职场生存，可以调整和改良领导力，可以牵动一发而动三力（领导力、执行力、绩效力）全身，可以颠覆和创新原有各项体系内容，其作用之大，无法替代，威不能比。

篇后语

这是本书最后一篇，也是领导力、执行力、绩效力（简称三力）三者结合的画龙点睛之笔。

领导力、执行力、绩效力三个圆形，画出了“龙头”；

领导执行力、执行领导力、执行绩效力、绩效执行力、领导绩效力、绩效领导力六条线段，画出了“龙身”；

执行领导力、绩效执行力、绩效领导力三节内容，摆动了“龙尾”；

“反刍”和“圭臬”两只龙眼是“点睛”之笔。

（备注：反刍寓意往复进取，温故知新；圭臬寓意绩效为准，绩效为圣。）

瞪起龙眼，昂起龙头，舞动龙身，摆动龙尾，活生生的三力巨龙呈现在我们面前，那样威武，那样欢笑，那样期盼……

真诚祝福读者，用卓越的领导力树立航标，用忘我的执行力践行诺言，用非凡的绩效力跃迁巅峰，用循环的三力图成就自我。人中之龙，职场春风，人生潇洒，万事亨通！

附表　本书理论工具摘要汇总表

自创内容				学习内容			
序号	名 称	类别	书页	序号	名 称	类别	书页
1	领导力六字定义	定义	5	1	懒蚂蚁原理	概念	18
2	执行力六字定义	定义	5	2	明茨伯格十种角色	理论	20
3	绩效力	概念	5	3	群商（1）	概念	37
4	三力模型图	图像工具	7	4	魂商	概念	37
5	领导力四力模型	管理工具	26	5	量子领导力	理论	44
6	领导风格图	图像工具	36	6	原子思维	概念	44
7	群合力	概念	37	7	量子思维	概念	44
8	垂直圆周模型	图像工具	40	8	情境领导力	理论	47
9	中心圆周模型	图像工具	40	9	准备度	概念	47
10	思维驻点	概念	58	10	核能领导力	理论	49
11	思维疆界	概念	58	11	智慧领导力轮盘	图像工具	50
12	模型领导力	理论	59	12	3C 金字塔	概念	51
13	管理模型	工具集	62	13	变革策略公式	概念	52
14	正模反模	概念	66	14	领导力成熟路线图	理论	52
15	建模六步骤	建模工具	67	15	领越领导力	理论	53
16	管理模型能级	概念	76	16	领导者五个习惯	概念	54
17	埋点技能模型	技能工具	89	17	灰度领导力	理论	56
18	点引	概念	90	18	愿景领导力	理念	57
19	急诊博弈	决策工具	95	19	竞合领导力	理念	57
20	决策 532 模型	决策工具	95	20	真实领导	概念	57
21	四语沟通法	理论	112	21	雅努斯思维	概念	76

续表

自创内容				学习内容			
序号	名称	类别	书页	序号	名称	类别	书页
22	蹲下身来	理念	113	22	检核表法	思维工具	76
23	象限对策法	沟通工具	115	23	KT 决策模型	决策工具	81
24	黄金定律法	沟通工具	117	24	海式评价模型	评价工具	86
25	信息指令法	信息工具	118	25	目标管理	理论	102
26	狭义执行力	概念	136	26	授权与反授权	概念	105
27	广义执行力	概念	136	27	麦肯锡电梯法	概念	122
28	执行力素养	概念	140	28	莫法特休息法	概念	123
29	职业规划助推器	理论	140	29	柯维象限法	概念	124
30	品格五星图	理论	141	30	六点优先法	概念	125
31	塔玛拉现象	理论	142	31	复命	概念	150
32	职务五星图	理论	146	32	PDCA	管理工具	151
33	角色灰度	概念	153	33	系统思考	理论	152
34	61 秒员工	概念	154	34	认知	概念	163
35	环顾能力	概念	155	35	ABC 情绪理论	理论	166
36	执行力心态	理论	156	36	EVA 模式	绩效工具	214
37	心智养生	概念	161	37	KPI 模式	绩效工具	218
38	认知端口	理念	166	38	价值树	绩效工具	219
39	心态坐标定律	心态工具	166	39	BSC 模式	绩效工具	221
40	三彼得训练法	心态工具	169	40	OKR 模式	绩效工具	225
41	四种力量体系	理论	176	41	关键结果达成度	概念	228
42	职场六面识人法	概念	179	42	阿米巴模式	绩效工具	229
43	平行执行	概念	186	43	单位时间核算制度	概念	230
44	串联并联人才	概念	186	44	KSF 模式	绩效工具	233
45	让子弹先飞一会儿	理念	187	45	KSF 行业识别矩阵	绩效工具	234
46	ABC 技能薪酬	理念	191	46	MBO 模式	绩效工具	238
47	双向十字剥笋法	阅读工具	221	47	乐群	概念	255
48	阿米巴之魂	理念	232	48	群商（2）	概念	256

续表

自创内容				学习内容			
序号	名称	类别	书页	序号	名称	类别	书页
49	KSF 能级层面	图像工具	236	49	宽带薪酬	绩效工具	260
50	PKT 模式	绩效工具	238				
51	PKT 关联	绩效工具	242				
52	培训嫁衣	理念	248				
53	三维驱动模型	激励工具	252				
54	群商指标设计	图像工具	257				
55	MOP 模型	激励工具	258				
56	果冻激励	概念	262				
57	三力关联图像	图像工具	270				
58	领导执行力	概念	271				
59	执行领导力	理论	271				
60	执行绩效力	概念	271				
61	绩效执行力	理论	271				
62	领导绩效力	概念	272				
63	绩效领导力	理论	272				
64	C 口策略	概念	279				
65	绩效力反刍	概念	283				
66	领导力圭臬	概念	287				
合计：66 个				合计：49 个			
备注	此表左侧为自创内容，全部为笔者原创，共 66 个；此表右侧为学习内容，是笔者学习他人理论知识摘要，共 49 个。二者总计 115 个。 此表摘选书中 115 个理论工具知识点，仍有一些理论工具未列出来（认知对等、三长角色定位等），请读者阅读时留意。						

后　记

书写至此，我的脑海里仍然浮现着领导力大师们的观点，浮现着执行力心态的种种表现，浮现着各种绩效模式的表格，浮现着领导力、执行力、绩效力的三个圆圈、六个线段。

这些文字、数据、图像、模型，夜里梦里，在我的思维中反复出现。也许，这就是一种兴趣、一种挚爱、一种执着、一种事业吧。

写书是个艰苦和烧脑的过程，写书是个总结和提炼的过程，写书是个展示和分享的过程，写书是一个学习和提高的过程。

距离上次出版《管理模型与人生思索》一书已经过去了整整四年。在这四年里，脑海中不断萌生撰写领导力、执行力、绩效力的想法，今天终于完成此愿。各种艰辛、磨难，在完成书稿这一刻，化作辉煌、化作灿烂，化作可把握一生的满足感。

笔者期盼，读者关注此书，开始关注三力结合的新视窗、新观点；笔者期盼，此书给读者带来足足的能量，驾驭职场，到达梦想的彼岸。

领导力、执行力、绩效力，我的挚爱。领导力、执行力、绩效力，再见！

田　军

2018年1月1日